평생직업시대,

일에서 행복찾기

권오상

도서출판 두남

머리말

이 글은 필자가 약 10년 동안 대학에서 "일과 여가" 그리고 "직업윤리"를 강의하면서 수집한 자료를 바탕으로 정리한 내용이다. 최근 워라벨이 강조되면서 일을 하는 것과 삶의 행복의 균형을 찾으려는 움직임이 많아졌다. 워라벨의 관점에서 볼 때 일만 하는 삶은 행복한 삶의 조건이 되지 못한다.

그렇다고 해서 일이 없이 사는 것은 보통 고통스러운 일이 아니다. 일반적으로 현직에서 물러난 퇴직자들이 호소하는 것들 중 가장 힘든 일이 곧 일이 없는 것이다. 일부 퇴직자들 중에는 돈이 많고 여유가 있을지라도 남아도는 시간을 어떻게 보내야 할지가 큰 고통으로 다가온다. 또한 돈이 없고 여유가 없는 사람들은 자신이 원치 않는 일을 계속해야만 살아갈 수 있는 경우가 많으며 그 또한 큰 고통으로 다가온다.

인간에게 일은 있어도 고통이고 없어도 고통이다. 아니 일이 없는 것이 더 큰 고통일 수 있다. 그렇다면 일이란 무엇인가? 이 글은 일의 의미를 살펴보고 인간은 왜 일을 하며, 일은 인간에게 무엇을 주는지,

인간은 일을 함으로써 행복해질 수 있는지, 그리고 일은 어떻게 변해 왔으며, 그런 일의 변화 속에서 인간은 어떻게 일해 왔는지, 인간은 일을 통해서 무엇을 추구해 왔는지 등을 고찰해 보고자 한다.

우선, 일의 개념적 의미와 그것이 인간에게 주는 의미는 무엇인지 살펴보고자 한다. 오디세이의 주인공 오디세우스가 만난 시시포스를 보면 일은 인간에게 저주로 다가온다. 카뮈의 말대로 쓸모없고 헛된 노동보다 더 무시무시한 형벌은 없다. 그러나 그것은 칼뱅과 루터의 종교개혁을 통해 신의 축복으로 변모된다. 거기에서 일은 신의 은총을 확인하기 위한 것이자 신의 축복을 누리기 위한 것이 된다. 더 나아가서 일은 한편으로는 우리에게 돈벌이와 사회적 지위를 얻게 하는 수단적 의미를 갖기도 하지만, 그 자체가 삶의 목적을 실현하는 목적적 의미를 갖기도 한다.

둘째, 우리가 일을 어떻게 하느냐에 따라 그 일은 타인에게 손해를 끼칠 수도 있지만 커다란 혜택을 줄 수도 있다. 우리는 어떤 일을 하든 그 일의 결과가 타인에게 어떤 영향을 미칠지를 생각해 봐야 한다. 내가 갖는 사소한 생각의 차이가 많은 사람들에게 좋은 결과를 가져다 줄 수도 있고 나쁜 결과를 가져다줄 수도 있다.

사회에는 자신의 양심에 따라 옳은 일을 하는 사람들도 있고, 원인이야 어떻든 결과적으로 복(福)과 공(功)을 만들어내는 사람들도 있다. 또한 사회에는 악한 일을 하는 사람들이 있는가 하면, 선한 일을 하는 사람들이 있다. 그리고 인간은 이기적인 이유에서 일을 할 수도 있지만 이타적 이유에서 일을 하기도 한다. 그렇다면 우리는 어떻게 해야 나에게도 이롭고 타인에게도 이로울 수 있는 공생의 윤리를 실현할 수 있을까?

셋째, 우리는 인류의 역사 속에서 일이 어떻게 변천하였는지 살펴보고자 한다. 일의 변천 과정에 대한 이해는 현대 사회의 일의 특징을 이해하는 데 도움이 될 것이다. 그것은 다음과 같이 다섯 단계로 구분하여 설명될 수 있다.

1) 원시 시대의 수렵과 채집 생활, 농업혁명을 통한 노예제도의 정착,
2) 중세 사회의 기독교가 노동관을 정립하게 된 계기, 중세 수공업에서 노동자들의 임금협정과 임금규약,
3) 르네상스와 종교개혁기에 임금노동자가 출현하게 된 계기, 아동 노동에 대한 착취가 일어나게 된 이유,
4) 산업혁명 이전에 작업이 분화되고 전문화하게 된 과정과 인간이 기계의 부품처럼 움직이게 된 이유, 숙련공과 미숙련공이라는 노동 등급제의 형성, 산업혁명의 전개 과정에서 인간이 톱니바퀴 돌아가듯 일하는 것, 섬유 공장에서의 여성과 아동들에 대한 노동 착취,
5) 현대 사회에서 공장 자동화와 사무 자동화로 인해 인간이 일자리를 빼앗기는 것, 4차 산업혁명에서 인공지능의 발달이 인간의 일자리에 미치는 영향, 미래 사회에 일과 노동이 인간의 손을 떠나 인공지능과 로봇에 맡겨지게 될 경우 인간은 어떤 삶을 살게 될 것인지 등이다.

넷째, 장인정신이란 무엇이며 장인이 갖는 특성은 어떤 것인지 살펴보고자 한다. 장인정신은 어느 시대든 일하는 사람이 지향하는 최고의 경지를 말한다. 인간은 자신이 만든 제품을 자신의 삶의 일부이자 예술로 승화시킨다. 그런데 그런 훌륭한 제품을 만드는 장인은 거저 만들어지는 것이 아니다. 추사체를 만들어낸 김정희가 최고의 경지에

이른 것은 피눈물 나는 수련의 결과였다. 세계적으로 알려진 바이올린 제작자 스트라디바리는 생전에 자신의 독특한 기술을 두 아들에게 물려주지 못했다. 그의 악기 제작 노하우는 말로 표현할 수 없는 것이었기 때문이다. 명품 제작 과정에서 마스터의 개성과 독창성을 좌우하는 것은 암묵적 지식이다. 그것은 끝없는 연마 과정을 통해 획득한 노하우로서 말로 전달할 수 있는 것이 아니다.

차례

Contents

PART 2 일의 변천과 장인정신

PART

1

일의 의미와 행복

일과 행복

1

왜 일을 하는가?

1) 삶과 일

a. 일하지 않는 삶

팡팡이는 빈둥거리는 데에는 빼어난 재주가 있다.

"너는 낮에는 뭐하냐?"라고 물으면, 그는 "낮잠을 자죠"라고 대답한다.

"그럼 밤에는 뭐하냐?"라고 물으면, "밤이니 밤잠을 자야죠"라고 말한다.

농번기가 되자 팡팡이는 아내에게 장사를 하러 간다는 핑계를 대고 각 지방에 흩어져 살고 있는 친척들을 찾아가서 몇 달씩 구걸을 하듯 신세를 지곤 한다.

그는 집에 있을 때보다 집을 나서면 어느 곳에서나 한결같이 집처럼 편안하게 느낀다.

이것이 그의 성공적인 빈둥거림의 비밀이다.

그는 이렇게 농사일을 거의 하지 않고, 친척집을 순회하고 다니면서 농번기를 피해 간다.

집안일과 농사일을 다 해서 살림살이를 꾸려가는 것은 전적으로 아내 몫이다.

그는 그렇게 몇 개월을 집 밖에서 빈둥거리며 보내다가 농번기가 끝날 즈음 집으로 돌아온다.

"우리, 게을러지자! 노동은 결코 숭고하지 않다! 적게 일하고, 대신 우리들의 창조적인 삶을 위해 기쁘게 시간을 보내자!"

폴 라파르그(Paul Lafargue)[1]가 그의 저서 〈게으를 수 있는 권리〉에서 주장한 내용이다. 그는 게으르다는 것이야말로 '길들임'에 대한 강한 반발 행위라고 역설하고 있다. 사회가 원하는 대로, 회사나 학교가 하라는 대로 착실하게 따라갔을 때 우리의 종착지는 어디인가? 그의 말대로 그것은 '노예의 삶'이다.

그저 시키는 대로 고분고분, 오히려 일 좀 달라고, 걔보다 내가 더 잘할 수 있다고 소리 높여 외치는 노예! 그러나 열심히 일하면 할수록 점점 더 궁핍해지는 삶! 독일의 작가 레싱(Gotthold Lessing)[2]도 이렇게 노래하고 있지 않은가. "모든 일을 게을리하세, 사랑하고 한잔하는 일만 빼고, 그리고 정말 게을리해야 하는 일만 빼고."

이렇게 보면 게으름이 그렇게 나쁜 것만은 아닌 것 같다. '게으를 권리'는 길들임에서 벗어나고 싶고, 베짱이가 되어 신나게 바이올린을 켜고 싶고, 학교나 직장이 아닌 다른 삶의 공간을 원하는 우리들 모두에게 필요한 것인지도 모른다.

---

1) 폴 라파르그(Paul Lafargue, 1842~1911)는 19세기 프랑스의 사회주의 운동가다. 프랑스 제1인터내셔널에서 대표로 있으면서 마르크스, 엥겔스와 접촉하게 되어 마르크스주의자가 되었다. 대표적인 글로는 "게으를 권리"(Right to Be Lazy)가 있다.(https://ko.wikipedia.org/wiki/ 폴 라파르그, 아래의 각주에서 표시가 없는 것은 모두 위키백과에서 인용한 것임.)

2) 레싱(Gotthold Ephraim Lessing, 1729~1781)은 독일의 극작가, 비평가다. 계몽주의자이며, 독일 문학 · 연극의 근대화를 촉진시킨 시조다.

명상하기, 천천히 산보하기, 사람들과 교제하기, 내 근육을 움직여 운동하기… 즉, 이전과는 다른 생활, 사람들과 친밀한 관계를 맺고, 인생과 사회에 대해 공부하고 토론하는 생활을 실천하기. 그래서 다른 이들이 이토록 게으르고 이상한 삶을 눈여겨보게 하기…

그러려면 우리는 베짱이가 되어야 한다.

> 또 어딜 바삐 바삐 가 세월이 바삐 가
> 쉬었다 같이 갑시다. 둥글게 갑시다.
> 모든 게 바삐 바삐 가 흘러가 바삐 가
> 노래나 같이 합시다.
> Please Refill the Battery
>
> 난 참 바보처럼 살았군
> 쳇바퀴 속을 돌고 있었군
> 다 흘러 흘러 흘러 놓쳐 버린 시간만…[3]

하지만 인간은 본성상 게으르게만 살 수 없다는 주장도 있다. '살아 있음'이라는 것은 인간을 비롯한 모든 동물에게뿐만 아니라 식물에게도 적용될 수 있는 말이다. 살아 있는 식물은 물을 빨아들여 영양을 섭취하면서 성장해 간다. 동물들의 삶에도 그런 기능을 엿볼 수 있다. 그런데 인간의 삶은 다른 생물들과 어떤 면에서 다를까?

인간은 다른 동물과 같은 감각기능을 가지고 있으면서 동시에 생각하는 기능을 가지고 있다. 한마디로 인간은 생각을 하면서 움직인다.

---

3) 3인조 여성 그룹 써니힐(SunnyHill)의 싱글 앨범 The Grasshoppers에 나오는 "베짱이 찬가"(작사 김이나, 작곡 이민수)의 가사 중 일부다.

아리스토텔레스(Aristoteles)[4]는 그것을 "이성에 따른 영혼의 활동"이라고 말한다. 그래서 인간은 생각을 하는 영혼의 활동과 행위를 통해서 삶을 영위해간다. 그러한 영혼의 활동과 행위가 인간의 삶의 중요한 기능이라고 할 수 있다.

그런데 그런 기능들은 어떤 목적을 위해 사용된다. 인간의 삶은 자동기계처럼 돌아가는 것이 아니다. 인간의 삶은 분명 어떤 목적을 가지며 그 목적을 향해 나아간다. 아마도 그것은 다른 생명체들도 마찬가지일 것이다. 연어와 같은 물고기를 보자. 자신의 2세를 생산하기 위해서 죽음을 무릅쓰고 하천을 거슬러 올라간다. 그것은 자연이 준, 또는 신이 부여한 목적을 실현하는 것이라고 할 수 있을 것이다.

아리스토텔레스는 인간이 추구하는 삶의 목적을 지혜로움, 탁월함, 즐거움에서 찾는다. 지혜로움이란 세상을 잘 알도록 배우는 것을 말한다. 그리고 그러한 배움을 통해 자신의 재능과 기술을 발전시키는 것이다. 탁월함이란 훌륭한 제품을 만들어 내는 것, 그런 기술과 전문지식을 갖는 것, 그리고 훌륭한 도덕성을 갖는 것을 말한다. 마지막으로 즐거움이란 단순하고 저급한 것을 말하는 것이 아니라, 고귀하고 도덕적인 즐거움을 말한다. 예를 들면 다른 사람을 돕는 활동을 통하여 느끼는 즐거움과 같은 것이다.

그렇게 본다면, 인간은 끊임없는 활동을 하고 있으며, 자신의 고유한 삶의 목적을 추구해 나가는 존재가 아닐까?

---

4) 아리스토텔레스(Aristoteles, 기원전 384~ 322)는 고대 그리스의 철학자, 플라톤의 제자이며, 알렉산더 대왕의 스승이다. 소크라테스, 플라톤과 함께 고대 그리스의 가장 영향력 있는 철학자이며, 그리스 철학이 현재의 서양 철학의 근본을 이루는 데에 이바지하였다. 그는 도덕과 미학, 논리와 과학, 정치와 형이상학을 포함하는 서양 철학의 포괄적인 체계를 처음으로 창조하였다.

b. 일만 하는 삶

김열심은 국내 대기업의 사장이 되었다.

그는 신입사원 때부터 일을 열심히 하기로 이름이 나 있었다.

다른 사원들보다 1시간 먼저 출근하였고, 회사의 어려운 일들을 도맡아서 처리했다.

일할 것이 많을 때에는 저녁에도 집에 돌아가지 않았다.

회사에서 새벽까지 일을 할 때도 있었고, 여의치 않으면 기숙사에서 잠을 자면서 일을 했다.

그의 매출액은 다른 사원들보다 몇 배나 많았다.

그는 회사에서 인정을 받는 사원이 되었다.

그래서 그는 회사로부터 큰 상을 자주 받았고 그 부상으로 유럽여행을 다녀오기도 했다.

지금 그는 그 회사의 사장이 되었다.

오직 일을 해야 살맛이 나는 사람들을 일중독자라고 부른다. 그들은 일에 대한 집념이 매우 강한 특징을 지닌다.

일중독에는 여러 원인이 있겠지만 보통은 강박적으로 부자가 되려고 하는 사람, 완벽을 추구하는 사람, 성취지향적인 사람, 자신의 능력을 과장되게 생각하는 사람, 배우자로부터 도피하려는 성향이 강한 사람들에게서 나타나는 경향이 있다. 이런 사람들의 특징은 일을 하지 않으면 불안해하고 외로움을 느끼며, 자신의 가치가 떨어진다고 생각한다.

하지만 모든 일중독자가 다 그런 것은 아니다. 말 그대로 일하는 것 자체를 즐기는 사람들도 있다. 일하는 것이 곧 취미활동이니 일

자체가 즐거울 수 밖에 없다. 일에서 즐거움을 느끼는 사람은 계속해서 일을 할 것이다. 이렇게 일 자체가 즐거운 경우는 일의 내용이 자신에게 꼭 맞거나 창의적인 경우일 것이다.

김부장은 모 지방 신문사 사진부장이다. 그는 어류, 조류, 곤충 등을 찍는 생태사진 전문기자다. 그는 아름다운 호수나 바다를 돌아다니며 생태사진을 찍는다. 그는 회사 일과 취미생활을 구분하지 않는다. 생태사진을 찍는 것과 사진기자의 일이 분리된 것으로 생각하지 않는다. 그는 일이 재미있고 일 자체를 즐길 수 있다고 말한다.

하지만 김부장처럼 일을 즐길 수 있는 사람들은 아마 극소수에 불과할 것이다. 많은 사람들은 아내와 자식, 그리고 애인 간의 관계가 소원해지는 것을 감내하면서까지 일을 해야 하는 경우가 많을 것이다.

이런 일중독의 문제는 서구 사회에서는 1980년대에, 우리나라에서는 1997년 IMF를 겪으면서 더 심화되었다. 국제노동기구(ILO)가 '노동유연화'를 선언하면서 수많은 노동자들이 고용불안에서 더 이상 자유로울 수 없게 되었다. 늘 실직의 위협에 떨면서 일할 수 밖에 없었다. 직장 내에서는 시간과 성과 압박, 수당 없는 연장 근무, 업무시간 외에도 항시 연락 가능한 상태, 일과 삶의 경계 붕괴 등, 일하는 사람들이 몸과 마음을 희생하도록 강요당했다.

그런데 일중독이 넘어서는 안 될 한계를 넘게 되면 번아웃(소진) 증후군[5]이나 우울증, 심장질환에 걸릴 수 있다. 그런 것들은 자신을 업무와 거의 완전히 동일시 하는 사람들에게서 나타나기 쉽다. 그들은

5) 번아웃(Burn out) 증후군 : 주로 업무 현장에서 비롯되는 것으로 어떤 일을 더 이상 할 수 없는 상태를 말한다. 그것은 직장에서의 활력 상실과 소진, 업무와 고객에 대한 반감을 일으켜 결국에는 삶에 대한 분노, 회의, 우울에 빠진다.

업무와 거리두기를 할 줄 모른다. 그들에게는 항상 업무에 대한 생각에 불이 들어와 있고, 스위치를 꺼둘 수 있는 능력이 부족한 것이다.

삼국지에 나오는 제갈량이 과로사로 죽을 수 밖에 없었던 이유는 바로 일중독 때문이었다. 그가 가졌던 지위들을 보면 그 이유를 잘 알 수 있다. 그는 현재의 국무총리쯤 되는 승상의 자리에 앉았다. 또한 황제의 정치적 행보를 대리하는 녹상서사, 수도 방위 및 치안을 담당하는 사례교위 등의 업무를 담당했다.

현대에 비추어 보면 국무총리 겸, 대통령 비서실장 겸, 수도방위사령관 겸, 대법관의 직책을 맡아 수행했다고 할 수 있다. 그러니 과로사로 죽을 수 밖에 없었을 것이다.

> 햇볕이 뜨거운 여름철이었다.
> 베짱이는 시원한 나무 그늘에서 한가롭게 노래를 부르고 있었다.
> 그런데 나무 밑에서는 개미가 열심히 일을 하고 있었다.
> 땀을 뻘뻘 흘리며 일하는 개미들을 보고, 베짱이가 말했다.
> "얘들아, 이렇게 더운 날 뭐 하러 그렇게 열심히 일을 하는 거야?
> 나와 함께 시원한 나무 그늘에서 노래를 부르지 않겠니?"
> 그러나 개미들은 여전히 땀을 흘리며 묵묵히 일만 할 뿐이었다.

일중독자들은 어떤 외적인 강제나 명령에 의해 일을 하는 것이 아니다. 그들은 늘 '나는 할 수 있다'라는 신념을 갖고 일하며, 성취와 성공에 대한 욕구로 자기 스스로를 끊임없이 담금질한다. 그들은 어떤 외부의 강요가 없더라도 자발적으로 스스로를 착취한다. 한병철[6]은 현

---

6) 한병철 : 재독 철학자, 현재 독일 카를스루에 조형예술대학교의 철학/미디어 교수로 재직 중이다.

대인들은 이러한 성과사회의 가해자인 동시에 희생자라고 잘라 말한다.

인간은 쉼 없는 노동을 참지 못하는 본성을 지닌 존재다. 인간은 오랫동안 반복적으로 에너지를 소비하는 것을 견뎌낼 수 없다. 그래서 회복을 위한 휴식이 필요하다.

c. 일과 여가의 어울림

스위스 바르셀로나 북쪽에 있는 레스토랑 '엘불리'는 1961년에 문을 열었다.

그런데 그 레스토랑은 페란 아드리아가 수석 셰프가 된 2000년부터 세계 최고의 명성을 얻었다.

세계의 미식가들은 그가 만든 요리를 맛보기 위해 적어도 2개월 전부터 예약을 해야 했다.

아드리아는 지금도 최고의 요리 작품을 만들기 위해 1년 중 6개월만 레스토랑의 문을 열고 10월부터 이듬해 3월까지는 문을 닫는다.

얼마 전 그는 초청을 받아 강연을 하는 자리에서 이런 질문을 받았다.

"왜 돈 잘 벌리는 식당을 6개월 동안 문을 닫고 있죠? 손님을 더 많이 받고 지점도 내면 돈을 긁어 모을 수 있을 텐데요?"

그는 이렇게 답했다.

"매우 합리적인 지적입니다.

하지만 셰프로서 가장 중요한 것은 '과연 지금 행복하냐' 하는 것입니다.

내가 행복하지 않으면 요리를 잘할 수 없고 손님을 행복하게 할 수 없습니다."7)

자신의 일에 열중하고 충실한 사람을 개미에 비유한다. 이솝 우화에 나오는 개미 이야기를 해보자. 이솝은 개미가 원래는 그 이웃의 농작물을 훔친 농부였다고 말한다. 화가 난 제우스 신이 그 농부를 개미로 바꾸었다. 그래서 비록 그 모습은 바뀌었지만 그의 본래 성격은 바뀌지 않았다. 그는 여전히 들판을 돌아다니며 다른 사람의 밀과 보리를 모아 자신을 위해 저장하는 일을 한다. 이솝은 개미의 근면함은 시기심으로 인해 생겨난 것이라고 말한다.

오늘날 개미 같은 노동자들은 검소하고 부지런하게 일하며 삶을 안전하게 유지하려고 애쓴다. 그들은 자신의 직업에 충실하고 대부분의 시간을 일하는데 쓰며, 일 이외의 활동에는 잘 참여하려 들지 않는다. 휴가도 거의 가지 않고 요령을 부릴 줄도 모른다.

그들이 직장을 퇴직할 때에는 노년기를 충분히 즐길 만큼 저축한 연금을 가지고 있을 것이다. 그렇지만 그들은 직장을 퇴직한 뒤에도 열심히 일하고 저축만 하는 개미의 습관을 버리기가 어렵다. 개미들은 돈을 쓰거나 물건을 사들이는 데서 즐거움을 느끼는 것이 아니라 매일매일 검소하게 살아가는 데에서 즐거움을 느낀다. 그래서 개미들은 미래를 위해 살지만, 막상 미래의 시간이 닥쳐왔을 때 무엇을 어떻게 해야 할지 잘 모른다.

다시 이솝의 이야기로 돌아가 보자. 이번에는 배짱이 이야기다. 이솝에 따르면, 음악이 발명되었을 때, 너무나 행복한 나머지 죽을 때까지 먹고 마시는 것을 잊고 노래만 부른 사람이 있었는데 그가 바로 베짱이가 되었다는 것이다. 이 이야기는 어떻게 해서 여가가 생겨나게

7) 맹명관 지음, 『이기는 기업은 무엇이 다른가』, 오디오북, 석세스 TV.

되었는지를 잘 말해 준다.

그런데 일과 여가는 어떤 관계인가? 그리고 우리는 여가를 어떻게 이해해야 하는가? 우선 일과 여가의 관계를 먼저 생각해 보자. 한마디로 일과 여가의 관계는 동전의 앞 뒷면과 같다고 말할 수 있다. 여가는 일의 반대편에 놓여 있는 것이다. 그것은 일이 없으면 여가도 즐길 수 없다는 것을 말한다.

1930년대 도시 전체가 실업 상태에 빠진 '마리엔탈'이라는 오스트리아의 작은 산업도시의 사례가 그것을 잘 말해준다. 그 사람들은 불경기 이전에는 일 뿐만 아니라 여가 활동에도 활발히 참여했었다. 그때 그들은 공공 도서관을 자주 찾았고, 다양한 문화 활동에 적극적으로 참여했다.

그러나 그 도시의 공장들이 문을 닫아 거의 모든 사람들이 실직 상태에 빠지자 그들은 여가를 즐길 수 있는 능력도 잃었다. 결국 실직자들이 여가를 갖지 못하는 이유는 그들이 일을 갖지 못했기 때문이다. 그들에게는 '구속된' 시간이 없는 것과 같이 '자유로운' 시간 또한 없었다.[8)]

아리스토텔레스는 "노동과 여가는 둘 다 필요하지만, 여가가 노동보다 더 바람직하다."고 말한다. 여가는 노동의 목표이며… 즐겁고 행복한 삶을 살기 위해 필요하다. 행복한 삶은 노동하는 자가 아니라 여가를 즐기는 자에게 주어진다.

그렇다면 베짱이가 부르는 노래는 무의미한 어떤 것은 아닐 것이다. 베짱이의 노래에 담겨 있는 의미는 무엇일까?

---

8) 조안 B. 시울라 지음, 안재진 옮김, 『일의 발견 』, 다우, 2005, p.21.

요즘… 21세기형 개미와 베짱이의 결말이 다시 쓰여지고 있다.

겨울이 되어 먹을 음식이 없어 힘들어진 베짱이가 개미의 집을 방문하니, 여름 내내 죽도록 일한 개미는 건강을 해쳐서 과로사로 그만 죽고 말았다.

대신 여름 내내 열심히 노래 부르고 기타를 친 베짱이는 지나가던 음반 기획자에게 발탁되어 음반을 내었고, 그 음반이 대히트를 쳐 돈방석에 앉게 되었다.[9]

사실 오늘날은 개미처럼 열심히 일만 하는 삶보다 열심히 잘 노는 사람이 성공할 수 있는 기회가 주어지기도 한다. 과거에는 사람들이 여가를 갖기 위해 열심히 일했을 것이다. 그래서 여가는 곧 노동의 목적이며 인생의 목적이었다. 그러나 지금은 여가 그 자체가 소득을 가져다 주는 중요한 계기가 될 수 있다.

2) 일이란 무엇인가?

a. 일의 다양한 의미

김교역은 대학에서 경영정보학과를 졸업하고 무역사무원이 되었다.

그는 아침에 출근하면 무역 절차의 흐름을 파악하여 거래에 필요한 자료나 정보를 정리하고, 계약상 필요한 서류 등을 작성한다.

점심 식사 후 동료들과 커피를 한잔한 뒤, 김교역은 모 거래처

9) Money Week, 2014. 03. 03.

의 거래에 필요한 데이터나 정보를 해외영업원(무역영업원)의 지시에 따라 정리한다.

수출의 경우 수출처인 기업 등에 관한 계약서를 작성하는데, 해외 영업원의 지시에 따라 계약내용(거래금액, 수출수량, 수송수단, 납기, 보험, 결재방법 등)을 계약서의 형식이나 법규에 따라 계약문서로 작성한다.

수입의 경우 절차는 수출의 경우와 유사하나 수입대금의 결재, 화물의 통관 등 모든 절차에 있어서 해외영업원을 지원한다.

그날 이루어진 수출, 수입 업무를 마무리하고 부장에게 보고할 보고서작성을 마무리하면 하루 일과가 끝난다.

수입과 수출을 담당하는 무역사무원, 도랑을 파고 있는 건설 노동자, 회의를 주재하는 중역, 영화비평을 쓰기 위해 영화를 보고 있는 평론가, 소설을 쓰고 있는 소설가, 그림을 그리는 화가 … 환자를 목욕시키는 자원봉사자, 골프를 치는 선수… 이런 사람들의 공통점은 무엇일까?

그것은 아마 모두 일을 하고 있다는 사실일 것이다. 그것이 생계유지와 같은 외적 필요성에 의한 것이든, 아니면 화가나 작곡가 등과 같이 자신의 재능을 실현하려는 내적 필요성에 의한 것이든 일을 하고 있다는 사실은 틀림이 없다.

그렇다면 이런 일들에는 어떤 의미가 있는가? 본래 일(work)이란 고대 영어의 명사 워르크(woerc), 동사 위르칸(wyrcan)에서 파생된 말이라고 한다.[10] 그리고 그것은 한 개인의 행동, 실행, 행위 등을 의미한

10) 조안 B. 시울라, 전게서, p.54.

다. 오늘날 옥스퍼드 영어 사전에는 무려 9페이지에 걸쳐 일의 의미를 소개하고 있다. 그런데 그 핵심 내용은 어떤 사람이 행한 행동, 조처, 업무 등을 의미한다.

또 웹스터 영어 사전에는 일의 의미를 45개로 정의하고 있는데, 그 주요 내용은 어떤 것을 만들기 위해 기울이는 육체적, 혹은 정신적 노력, 노동, 수고를 의미한다. 그런 의미에서 볼 때 일이란 인간의 행동, 또는 육체적, 정신적 노력이라고 말할 수 있을 것 같다.

이제 일의 의미를 좀 더 자세히 살펴보자. '일'을 의미하는 프랑스어 '트라바이유'(travail)는 라틴어의 '트리팔리움'(tripalium)에서 나온 말이다. 그런데 그것은 말의 발에 편자를 박기 위해 말의 다리를 묶어 놓는 세 개의 기둥을 의미한다. 이 단어는 일종의 '고문'을 의미하는데 나중에 그것이 '일'의 의미로 변화되었다.

또 '일'을 의미하는 그리스어 '파노스'(panos)도 원래 분쟁, 처벌과 동의어로 쓰인다. 그리고 독일어 '아르바이트'(arbeit)도 원래 고통, 분쟁을 뜻하는 말이다.[11] 이러한 서양의 일의 의미들은 모두 일이 즐겁고 편안한 것이라기보다 어렵고 고통스러운 어떤 것이다.

그런데 현대 사회에서는 일을 그렇게 부정적인 것으로만 생각하지 않는 것 같다. 현대인들은 일이 우리를 행복하게 해주어야 한다는 믿음을 갖고 있다. 이제 일은 더 이상 고문이나 형벌로서의 의미를 갖는 것은 아니다. 사실 대니얼 디포[12]의 소설 『로빈슨 크루소』는 일이 인간을 행복하게 만들어 준다는 것을 잘 설명하고 있다.

---

11) 조안 B. 시울라, 상게서, p.58.

12) 대니얼 디포(Daniel Defoe, 1660~1731)는 영국의 소설가, 언론인. 런던에서 상인의 아들로 출생하였으며, 1719년 〈로빈슨 크루소〉를 발표하여 명성을 얻었다.

배가 난파되어 무인도에 좌초되는 등 천신만고 끝에 로빈슨 크루소는 브라질에서 부유한 농장주가 되었다. 그런데 그는 그렇게 부자가 되었음에도 불평을 한다. "나는 내 소질과는 전혀 상관없는 일을 하였고, 내가 좋아하는 삶과는 정반대의 삶을 살았다"

이 이야기를 통해서 우리가 알 수 있는 것은 인간을 행복하게 해주는 것은 부(富)가 아니라 '일 자체'라는 것을 알 수 있다. 크루소에게 일은 삶의 수단을 제공해 주는 동시에, 삶의 가치와 의미를 발견하게 해주는 것이었다.

그러나 일은 그 자체가 부정적이거나 긍정적인 의미를 갖는 것은 아니다. 중요한 것은 그 일을 대하는 우리의 태도일 것이다.

이나모리 가즈오[13]는 그의 책 『왜 일하는가』에서 궁궐 제작을 지휘하는 도편수의 삶을 소개한다. 그 도편수는 초등학교를 졸업한 뒤 일흔이 넘는 세월 궁궐만 지었다. 아무리 뛰어난 컴퓨터 기술과 정밀한 기계조차 그의 대패질 솜씨를 따라잡지 못한다. 그는 그가 하는 일에 대해 다음과 같이 말한다.

"아무리 볼품없는 나무라도 그 안에는 영혼이 살고 있습니다. 모든 나무에는 저마다 영혼이 살고 있습니다. 그 영혼이 제게 말을 걸어옵니다. 그 영혼의 소리에 귀를 기울이지 않고는 그 나무를 자르거나 다듬을 수 없습니다. 천년된 나무를 사용하려면 이후 천년을 견딜 만큼 일을 제대로 해야 합니다."[14]

---

13) 이나모리 가즈오(稻盛和夫; 1932~1922) : 일본 가고시마에서 태어나 가고시마 대학 공학부를 졸업했다. 1959년 자본금 300만 엔으로 교토세라믹(현재의 교세라)을 창업해서 세계 100대 기업으로 키웠다. 2010년 2월 일본항공이 파산하자 단 세 명의 측근만 데리고 투입되어 13개월 만에 흑자로 전환시켰으며, 2012년 3월에는 역대 최고액을 경신했다.

이 도편수가 일을 대하는 마음 자세는 어떻게 설명할 수 있을까?

티베트에는 천 개의 거울이 있는 사원이 있다.

둥근 형태의 사원 내벽 전체가 천 개의 거울로 장식되어 있다.

어느 날 개 한 마리가 사원에 왔다. 그 개는 이맛살을 찌푸리고 경계 차원에서 일단 한번 이빨을 드러내 보였다. 사원 내에 혹시 있을 개들에게 겁을 주려는 것이었다.

그러자 천 마리의 개가 이빨을 드러내고 자신에게 으르렁거리고 있었다.

그 개는 곧 짖기 시작했다. 그러자 천 마리의 개들도 짖어대기 시작했다.

같은 날…

다른 개 한 마리가 사원에 왔다. 그 개는 왠지 기분이 좋아 보였다.

그 개는 꼬리를 흔들며 사원 안에 있는 계단을 올라갔다.

그랬더니 천 마리의 다른 개들이 자신을 향해 꼬리를 흔들며 반기고 있다.

그 개는 말했다. "정말 세상은 마음씨 고운 개들로 가득 차 있어"

b. 저주인가 축복인가

김강사는 강의하는 것이 지겹다.

이제는 강의를 듣는 학생들을 바라보는 것도 지겨울 정도다.

그가 하는 강의는 학생들과의 소통이 아니라 일방적으로 쏟아 내는 지식의 봇물과도 같다.

14) 이나모리 가즈오 지음, 신정길 옮김, 『왜 일하는가?』, 서울, 도서출판 서돌, 2015, p.16.

학생들은 선생이 하는 말을 무조건 따라 익힐 뿐이다.
그들의 표정은 굳어 있는 장승과 같다.
학생들은 질문을 할 줄도 모른다. 그저 듣기만 할 뿐이다.
뒷줄에 있는 몇몇 학생들은 아예 엎드려 자고 있다.
김강사는 강의 시간이 되면 가슴이 답답해져 온다.
강의내용은 정해진 레퍼토리대로 돌아간다.
마치 자동으로 돌아가는 녹음기와 같다.

똑같은 내용을 수년간 반복해온 김강사는 자신이 마치 강의를 하는 기계처럼 느껴진다. 이제 정말 지겨운 마음이 들어 강의를 그만두고 싶은 마음이 굴뚝같다.

그리스의 신화 〈오디세이〉의 주인공 오디세우스는… 지옥에서 커다란 바위를 쉬지 않고 언덕 위로 밀어 올려야 하는 저주를 받은 시시포스를 만난다. 그는 언덕 위에서 바위가 굴러떨어지면 그 바위를 다시 들어올려야 하는 운명을 타고났다. 그리고 그러한 과정은 끊임없이 계속된다.

알베르 카뮈[15]는 “쓸모없고 헛된 노동보다 더 무시무시한 형벌은 없다” 고 말한다. 소모적이고 지루한 과업은 무의미하고 헛된 일이 된다. 그것은 자유를 좀 먹는 것이다. 억지로 하는 일처럼 힘든 일이 어디에 있겠는가?

15) 알베르 카뮈(Albert Camus, 1913~1960) : 1913년 알제리의 몽도비(Mondovi)에서 프랑스계 알제리 이민자로 태어났다. 프랑스 문학의 대문호이자 프랑스어권에서 존경받는 문학자 중 한 사람이며 실존주의 철학자. 〈이방인(異邦人)〉 〈시지프의 신화〉로 사상가로서의 인정을 받았고, 1957년 노벨 문학상을 수상하였다. 1960년 자동차 사고로 사망했다.

그리스 신화에서는 일이란 인간을 미워한 신이 앙심을 품고 인간을 고생시키는 것이라고 표현한다. 그런데 고대 그리스 사람들이 일을 신의 저주로 보는 것은 무엇 때문일까? 그것은 아마도 그 당시의 일이 정복 당한 종족이거나 포로가 된 사람들, 또는 노예들의 몫이었기 때문일 것이다.

구약성경에서도 일은 힘들고 고통스러운 것으로 그려지고 있다. 타락 이후 신은 아담에게 벌을 내린다. "땅은 너로 인하여 저주를 받고 너는 종신토록 수고하여야 그 소산을 먹으리라."(창세기 3장 17절) 그래서 바위투성이 땅에서 일하는 아담, 출산의 고통을 겪는 이브가 등장한다.

그런데 신의 저주에서 시작된 일은 근대에 와서 신의 축복으로 반전된다. 이제 일은 신의 은총을 확인하기 위해 최선을 다해야 하는 것이 된다. 칼뱅(J. Calvin)[16)]은 일이 신의 은총이자 구원의 수단이라고 말한다. 이제 열심히 일을 해서 부를 축적하는 것은 신에게 선택받은 사람이라는 징표이며, 가난과 게으름은 선택받지 못한 사람이라는 징표가 된다.

게다가 루터[17)]는 모든 종류의 일과 모든 노동자들을 존중하라고 가

---

16) 장 칼뱅(Jean Calvin), 1509~1564, 프랑스의 종교개혁가. 구원은 전적으로 하나님에 의해 주어진다는 은혜를 강조하였고, 루터 · 츠빙글리가 시작한 종교 개혁을 완성시켰다는 평가를 받는다. 현재 그의 신학을 따르는 교회로는 장로교회가 대표적이다. 또한 칼뱅은 상공업자들의 불리한 신분사회에서 직업소명설로 평등을 보장하였다.

17) 마르틴 루터(Martin Luther, 1483~ 1546), 독일의 종교개혁가. 본래 아우구스티노회 수사였던 루터는 로마 가톨릭교회의 면죄부 판매가 회개가 없는 용서, 거짓 평안이라고 비판했으며, 믿음을 통해 의롭다함을 얻는 이신칭의(以信稱義)를 주장했다. 루터는 1517년 95개 논제를 게시함으로써 당시 면죄부를 대량 판매하던 도미니코회 수사이자 설교자 요한 테첼에 맞섰다.

르친다. 그래서 육체노동과 정신노동, 더러운 일과 깨끗한 일, 자유로운 일과 노예의 일 등의 구분은 중요하지 않다. 루터는 말한다. "의자를 만드는 목수, 구두를 만드는 제화공, 소젖을 짜는 하녀, 이들은 모두 일상의 누추한 일에서 신이 부여한 진정한 소명을 발견한다."[18]

이제 일은 신의 은총을 확인하기 위한 것이자, 신의 축복을 누리기 위해 필요한 것이 된다. 내가 하는 일은 신이 부여한 소명이며, 그 소명에 최선을 다하는 것이 삶의 목적이 된다. 인간은 그 소명을 다함으로써 신의 완전함에 한걸음 더 다가갈 수 있게 된다.[19]

그리고 신의 소명을 다하는 일을 함으로써 인간은 자신이 누구인지 그 정체성을 알게 된다. 그리고 거기에서 신의 사랑의 징표를 깨닫게 되며 구원에 이르게 된다.

> 포돌이는 경찰이다. 일터에서 교대하자마자 신고가 폭주한다.
>
> 노래방에서 일어난 폭행사건, 술에 취해 도로에 누워 자고 있는 사람, 미귀가자 할머니에 대한 신고 등 정신없이 신고가 들어온다.
>
> 새벽 2시 호돌이의 무거운 눈꺼풀이 저절로 내려온다.
>
> 그때 어떤 약국 앞에 치매 어르신을 보호하고 있다는 신고를 받고 출동한다.
>
> 그의 평일 주간 근무 시간은 저녁 8시 출근, 아침 9시까지 근무다.
>
> 한밤중 모두가 잠든 시간 밤을 지키는 일을 한다.

---

18) 조안 B. 시울라, 전게서, p.86.

19) "인간이 소명을 다함으로써 신의 완전함에 다다른다"는 말은 현대적 의미에서는 다음과 같이 해석될 수 있을 것이다. 즉 인간은 자신의 타고난 천성(天性)이나 본성(本性) 또는 개성(個性)을 깨닫고 그것을 드러냄으로써 자기완성에 이를 수 있다.

아침에 퇴근하여 집에 돌아오면 파김치가 된다.

그는 경찰 생활이 어느덧 30년째다. 오늘도 국민의 귀가 되고, 눈이 되고, 다리가 되기 위해 기꺼이 최선을 다해야 한다고 다짐한다.

자신의 일이 신의 소명이라는 생각은 이제 천직(Vocation)으로 발전한다. 천직은 곧 하느님이 현세를 사는 나에게 내려주신 직책이자 임무다. 그것은 직업에 영적 의미를 부여하는 것이다. 그것은 일이 고통스럽고 불쾌하며 보수가 적더라도 자신의 일에서 진정한 삶의 의미를 찾을 수 있다고 말한다.

c. 수단인가 목적인가

최과장은 모 회사의 말년 과장이다.

그는 차장으로 승진하기 위해 열심히 일하고 있다.

빨리 차장으로 승진하여 직급도 높아지고 봉급도 많아지기를 바란다.

최과장에게 승진은 회사 안에서 상사들에게 인정받고 있음을 의미한다.

그런데 얼마 전 차장 승진 발표에서 최과장은 누락되었다.

그 이후 최과장은 점점 회사에 대해서 불만을 갖게 되었다.

자신은 회사를 위해 정말 열심히 일했는데 회사는 그런 자신의 공을 인정하지 않는다고 생각했다.

그는 요즘 일이 손에 잡히지 않는다.

업무상 자신을 찾아오는 고객들에게도 친절하게 대하기 어렵다.

승진에 대한 불만이 그의 마음을 가득 채웠기 때문이다.

그는 집에 가서 아내를 보는 것도 어렵다.
아내 친구들의 남편은 승승장구하는 사람들이 많다고 말한다.
그런 이야기를 들을 때 최과장은 초라해지기 시작한다.

사람들이 일을 하는 이유는 우선 생계유지를 위한 것이라고 말할 수 있다. 그런 의미에서 생계유지는 일을 하는 중요한 이유이기도 하다. 그래서 사람들은 생계유지를 할 수 있는 다른 수입이 생기게 되면 하던 일을 그만두기도 한다. 또 어떤 사람들은 직장에서 얻을 수 있는 사회적 지위를 위해 일을 하기도 한다. 과장은 차장이 되고 싶어 하고 차장은 부장이 되고 싶어 한다.

그런데 그런 경우 일을 하는 것은 돈을 벌거나 지위를 얻기 위한 수단으로 생각될 수 있다. 돈을 벌기 위해서만 일을 한다면 사람들은 일을 어떻게 생각하게 될까? 만약 돈벌이가 만족스럽다면 일을 즐겁게 할 수도 있을 것이다. 그러나 아무리 열심히 일을 해도 돈벌이가 만족스럽지 않게 된다면 일은 고통스러운 어떤 것이 되고 말 것이다. 승진 문제도 마찬가지다.

현대 사회에서 많은 직장인들은 일에서 즐거움을 느끼지 못한다고 호소한다. 직장 내에서는 일과 관련되어 벌어지는 수많은 알력과 경쟁이 존재한다. 인간관계는 왜곡되고 사람들로부터 소외되며, 결국에는 자신의 일로부터도 소외되는 경우가 많이 있다. 그래서 사람들은 직장에 나가는 것을 두려워지기도 한다.

더구나 자신이 하는 일에 대한 대가가 정당하게 주어지지 않는다고 생각되면 그런 소외감은 더욱 커질 수 있다. 그렇게 되면 사람들은 자신에게 주어진 일을 그저 마지못해 하게 될 것이다.

그런데 사람들은 단지 월급을 받기 위해서만, 또 승진을 하기 위해서만 일을 하는가? 일은 돈벌이나 사회적 지위를 얻기 위한 수단이 아니라 삶의 목적이 될 수는 없는가? 그렇다면 삶의 목적을 실현하기 위해서 하는 일은 어떤 것인가?

예를 들면 어떤 사람은 암 치료법을 개발하는 일이 삶의 목적이라고 말하는 사람도 있다. 어떤 환경론자는 사람들이 건강하게 살 수 있는 환경을 만드는 것이 자신의 삶의 목적이라고 말하기도 한다. 또 어떤 정치가는 정치활동을 통해 보다 나은 사회를 만드는 것이 자신의 삶의 목적이라고 말한다. 그 뿐만이 아니다. 어떤 마트의 계산원은 사람들을 돕는 일 자체가 좋으며 그 자체가 삶의 목적이라고 말하기도 한다.

이런 경우 그들이 하는 일들은 곧 수단이 아니라 삶의 목적이 될 수 있을 것이다. 그들은 일이 행복으로 인도한다고 믿기 때문에, 마지못해 일을 하지 않을 것이다. 그들에게 일은 삶의 목적으로 나아가게 하고 행복을 가져다 주는 것이지, 한낱 욕구를 충족시키기 위한 수단이 아니다. 그들은 혹시 돈이나 지위 같은 수단이 충족되지 않는다 할지라도 그 일을 포기하지 않을 것이다.

또 그런 수단이 온전히 충족된다고 할지라도 그 일을 그만두지 않을 것이다. 그들은 일을 통해 삶의 목적이 실현되기 때문에 일 자체를 즐길 수 있다. 그들은 무엇을 얻기 위하여 일을 하는 것도 아니고, 혹시 무엇을 얻지 못했다고 해서 그 일을 그만두지도 않는다.

> 옛날, 세 사람의 석공이 살고 있었다.
>
> 그들은 쾰른 대성당을 짓는 공사장에서 일하고 있었다.

어떤 사람이 첫 번째 석공에게 물었다.

"당신은 지금 무엇을 하고 있습니까?"

"보시는 것처럼 돌을 쪼개고 있소. 남은 두 개만 쪼개면 오늘 일과는 끝이요"

그 사람은 두 번째 석공에게 물었다.

"당신은 지금 무엇을 하고 있습니까?"

"보시는 것처럼 석상을 만들고 있소. 일은 힘들지만 보수가 좋아 하는 일이요.

아내와 네 아이를 먹여 살려야 하니 어쩔 수 없지요"

그 사람은 세 번째 석공에게 물었다.

"당신은 지금 무엇을 하고 있습니까?"

세 번째 석공은 잠시 망치를 내려놓더니 자랑스러운 얼굴로 말했다.

"보시는 것처럼 나는 쾰른 대성당을 건축하고 있소"

독일의 철학자 쇼펜하우어[20]는 사람들이 스스로 가치를 획득하고 유지하는 방법으로 다음 세 가지를 제시한다. 첫째는 '소유'로서 내가 가진 것, 즉 재산 등을 의미한다. 둘째는 '표상'으로서 남이 나를 어떻게 바라보는가 하는 것이며, 사회적 명성이나 명예를 의미한다. 셋째

20) 쇼펜하우어(Arthur Schopenhauer, 1788~1860), 독일의 철학자, 염세주의자로 유명하지만, 정확히 말하면 생철학, 즉 인간의 삶에 집중한 철학의 창시자이다. 그는 자신이 칸트의 사상을 비판적으로 받아들였으며 올바르게 계승했다고 확신했다. 그리고 헤겔, 피히테, 셸링 등에 대해서는 칸트의 사상을 왜곡하여 사이비 이론을 펼친다고 비판했다. 대학 강의에서 헤겔과 충돌한 후 교수들의 파벌을 경멸하여 어떤 단체에도 얽매이지 않고 대학 밖에서 줄곧 독자적인 연구 활동을 지속하였다.

는, '존재'로서 사람의 됨됨이, 즉 인격을 의미한다.

소유와 표상은 남들에게 자신을 과시하기 위한 것이나 존재, 즉 인격은 자기충족적인 것으로서 내적 가치를 잃지 않는 것을 말한다.

3) 일과 직업의 세계

a. 일에서 직업으로

박비단은 한복 짓는 어머니 아래서 자랐다. 그래서 그녀는 어려서부터 어머니의 한복 짓는 모습을 보면서 어깨너머로 배웠다.

다른 자매들은 공부를 하기 위해서, 또 결혼을 하여 어머니 곁을 떠났다.

그런데 박비단은 결혼 후에도 어머니 곁에 살면서 늘 한복 짓는 일을 도우며 살았다.

그러던 어느 날 어머니가 돌아가셨다. 그리고 그녀의 남편은 하던 사업이 망하면서 집에서 지내게 되었다. 이제 박비단이 집안의 가장이 되어 집안 살림을 꾸려나가게 되었다.

그래서 그녀는 어머니로부터 배운 한복 짓는 일로 사업을 하게 되었다. 한복집을 차려 사업자 등록을 하고 간판을 걸었으며, 자신이 사업주로 된 가게를 열게 된 것이다.

박비단은 자신이 하던 일을 직업으로 전환시킨 것이다. 어떤 것이 직업이 되려면 먼저 일의 활동이 있어야 한다. 그러나 모든 일의 활동이 직업이 되는 것은 아니다. 박비단이 어머니의 일을 무상으로 도와주었다고 한다면 그녀는 직업을 가지고 있다고 말할 수 없다.

그러나 어머니가 돌아가신 후 그녀가 사업자 등록을 하고 공식적으로 영업을 시작한 것은 직업적 활동이 된다. 그녀의 직업적 활동과 명칭은 "한복 제조원" 또는 "한복 디자이너"라고 할 수 있다. 그 직업은 한복이 필요한 사람들에게 주문을 받아서, 한복을 기획하고 제작하여 그 대가로 경제적 보수를 받는 것이다.

이와 같이 어떤 일의 활동이 직업이 되려면 일에 대한 대가로서 경제적 급여가 주어져야 한다. 그리고 그런 일의 활동이 지속적으로 이루어져야 하고 사회에서 도덕적으로, 그리고 법률적으로 인정을 받아야 한다. 박비단이 사업자 등록을 낸 것은 그녀의 한복 짓는 일을 법률적으로 인정 받은 것이다.

이제 직업의 의미를 개념적으로 살펴보기로 하자. 우리말로 직업은 사회구성원으로서 자기에게 맡겨진 역할을 의미하는 직(職)과 생계활동을 의미하는 업(業)이 합쳐진 말이다. 여기서 직(職)은 사회적으로 필요하여 맡겨진 일을 떳떳하고 당당하게 수행한다는 의미가 있다. 이것은 직업의 의미가 사회적으로 떳떳한 일, 도덕적으로 정당한 일이라는 것을 의미한다.

업(業)이란 본래 불교에서 카르마(karma)를 말하는 것으로 인간의 '행위'를 의미하며, 인연의 결과로서 주어지는 과업을 의미한다. 또한 현생에서의 업은 전생에서 지은 죄의 나쁜 결과를 보속(補贖)한다는 의미가 있다. 따라서 불교적 의미에서 직업이란 전생의 악업을 씻는다는 의미를 담고 있으며 도덕적으로 정당한 것이어야 한다는 의미를 지닌다.

직업의 의미를 서양의 관점에서 살펴보기로 하자. 영어에는 직업을 나타내는 다양한 단어들이 있다. occupation, business, vocation, Beruf, Calling, profession 등 여러 가지 의미를 갖는다. 여기에서 occupation

과 business는 일에 대한 보수가 반드시 주어지는 경제적 성격이 강한 직업을 표현할 때 쓰인다. 반면에 vocation, Beruf, Calling, profession 등은 사회 봉사적 의미가 강한 직업, 또는 소명으로서의 직업을 표현할 때 주로 쓰인다.

그것을 우리말과 관련하여 살펴보면 전자는 생계 활동을 의미하는 업(業)에 해당하는 것으로, 후자는 사회적 역할 수행과 봉사를 의미하는 직(職)에 해당하는 것으로 생각할 수 있다. 그래서 직업이란 한편으로는 사회성과 봉사의 의미가 있으며, 다른 한편으로는 경제성과 생계 유지의 의미를 갖는 것이다.

어떤 일이 직업이 성립되기 위해서는 다음의 다섯 가지 요건이 필요하다. 정신적 · 육체적 노동의 투입, 경제적 보상, 자발성, 지속성, 윤리성과 합법성이 그것이다.

첫째, 직업은 육체적 · 정신적 노동행위가 수반된다. 노동은 생활에 필요한 재화나 서비스를 얻기 위하여 행하는 육체적, 정신적 활동을 말한다.

둘째, 노동행위에 대한 경제적 대가가 있어야 한다. 학생이나 전업주부와 같이 소득이 없는 활동이거나 자원봉사와 같이 대가가 없는 활동은 직업이라고 볼 수 없다.

셋째, 개인이 자발적으로 참여하는 활동이어야 한다. 수감자와 같이 속박된 상태에서의 활동은 직업적 활동으로 보지 않는다.

넷째, 직업은 일시적인 것이 아니라 지속적으로 수행하는 것이어야 한다. 계절적 · 주기적으로 행하고 있거나 명확한 주기가 있지 않더라도 계속된 활동이어야 한다.

다섯째, 불법적이거나 반사회적 · 비윤리적인 활동은 사회적으로 악

영향을 가져올 수 있으며, 이러한 활동은 직업으로 분류하지 않는다.

멀리 바닷가에 작은 섬이 있었다.

그 섬에는 반짝반짝 빛나는 황금 열매가 주렁주렁 열렸다.

그 열매는 작은 섬을 밝게 빛나게 했다.

동물들은 다른 과일은 다 먹어도 황금 열매는 먹지 않았다.

그러던 어느 날 원숭이가 얼떨결에 황금 열매를 먹고 말았다.

그러자 원숭이의 몸에서 이상한 빛이 났다.

그래서 원숭이는 황금 열매를 더 많이 먹고 싶어 했다.

몇 개를 더 먹으니 원숭이의 몸은 더 밝게 빛났다.

원숭이는 계속해서 열매를 먹었다. 원숭이의 몸은 더 빛났고 작은 섬은 점점 어두워졌다.

다른 동물들은 원숭이에게 더 이상 황금 열매를 먹지 말라고 말했다.

그러나 원숭이는 그 말을 듣지 않았다. "섬이 어두워지면 어때?"

다른 동물들이 원숭이에게 따졌다. "섬이 어두워지면 우리가 앞을 볼 수 없잖아!"

원숭이가 말했다. "그건 너희들 사정이지. 난 빛이 나니까 괜찮아!"[21]

b. 직업의 가치

최실직은 지난 1년 동안 실업급여를 받아 생활해 왔다.

그녀는 지난번 다니던 직장을 그만두었을 때 주변에서 많은 핀잔을 받았다.

21) 우리누리 글, 『뭉치와 황금나무 열매』, 철학동화18, 대교아인슈타인, p.21.

"그 좋은 직장을 왜 그만둬?" "요즘 그런 직장 잡기가 어디 쉬운가?"

실업급여를 받으면서 그녀에게는 많은 변화가 생겼다.

부모는 나이 많은 딸의 장래를 걱정한다. 그것이 그녀에게는 압박감으로 다가온다.

그녀는 어디엔가 소속되어 있지 않아서 오는 박탈감, 직장을 다니는 친구들과의 비교 등 많은 어려움을 감내해야 했다. 게다가 그녀의 미래는 불투명하기만 하다.

사실 그녀가 다니던 직장을 그만둔 것은 회사에서 맡기는 일이 자신에게 잘 맞지 않고, 그로 인해 상사나 동료들과 자주 갈등을 겪었기 때문이다. 그녀는 직장을 그만두고 쉬면서 자신이 좋아하고 평생동안 계속할 수 있는 일을 찾아 보고 싶었던 것이다.

직업을 갖지 못한 실업자의 생활이 갖는 어려움에는 어떤 것들이 있을까? 실업 상태의 막연한 어려움이 아니라 그 구체적인 어려움을 살펴보자. 우선 실업자들은 자신에게 어떤 업무가 맡겨진 것이 아니기 때문에 시간이 자유로울 수 있다. 반면에 그것은 하루의 시간을 어떻게 사용해야 하는지에 대한 막연함이 있게 된다.

둘째, 실업자들은 자신이 어디엔가 소속되어 있다는 소속감을 갖지 못하게 된다. 그래서 집 밖으로 나가면 어디로 가야 할지 막연하게 된다. 셋째, 실업자들은 자신의 사회적 지위가 명확하지 않다. 그래서 명함을 만들 수 없다. 그것은 내가 누구인지에 대한 명확한 정체성을 갖지 못하게 한다.

넷째, 실업자들은 어떤 조직에 속해 있지 않기 때문에 사회적으로 관계가 단절되고 소외감을 느낀다. 다섯째, 실업자들은 어떤 업무나

책무가 주어지지 않기 때문에 어떤 활동을 하도록 자극받을 일이 없다.

그와 반대로 직업생활을 하는 취업자들에게 직업은 어떤 기능을 갖는가? 우선 직업을 갖게 되면 다른 사람에게 자신이 누구인지를 떳떳하게 밝힐 수 있다. 만나는 상대방에게 명함을 건네면서 자기를 소개할 수 있다. 또 내가 가진 직업의 직종에 따라 그 사람의 인격이 형성된다. 그래서 어떤 직종에 오랫동안 근무하면 그 사람이 어떤 사람인지 대충은 알 수가 있다.

둘째, 직업은 경제적 수입의 원천이 되기 때문에 내 삶을 지탱해주는 토대가 된다. 현대인들은 대개 직장생활을 통해 가계를 꾸려간다. 셋째, 직업은 나에게 사회적 지위와 역할을 분명하게 해주며, 다른 사람들과의 관계를 형성하게 해준다. 넷째, 직업을 갖고 일을 함으로써 성취감을 느낄 수 있으며, 자기개발의 기회도 가질 수 있다.

그런데 우리가 직업을 선택할 때에는 어떤 기준이 적용될 수 있을까? 우선 사람들은 생계유지를 위해 수입의 많고 적음을 따져 볼 것이다. 그리고 수입의 안정성도 따져 볼 것이다. 그래서 수입의 정도나 안정성은 직업선택에서 중요한 기준이 될 수 있다.

그러나 수입이 적거나 안정성이 떨어지더라도 내가 하는 일에 흥미를 느끼는지도 따져 볼 필요가 있다. 흥미를 느끼는 일이 있다면 나는 그 일에 몰입하기가 쉬울 것이다. 또한 일 자체에서 재미를 느낄 수 있다면 나는 더 행복해질 수 있을 것이다.

그런데 일을 하는 것이 재미있는 것은 아니지만 나의 삶에 가치와 의미를 줄 수 있다면 어떨까? 단지 돈을 벌기 위해서만 일을 한다면 일은 지겨워질 수도 있을 것이다. 그러나 내가 하는 일에서 내가 가치를 느끼고 의미를 찾을 수 있다면 나는 그 일에서 행복감을 느낄 수 있지 않을까?

그런데 내가 하는 일은 그것이 어떤 것이든, 즉 생산직이든 서비스직이든… 다른 사람들에게 영향을 미치게 된다. 사실 내가 하는 일은 그것이 어떤 것이든 나 자신을 위해서 하는 것이 아니라 다른 사람을 위해서 하는 일이다.

내가 서비스직에 종사한다면 나는 일을 통해서 다른 사람에게 영향을 준다. 그것이 생산직이라 할지라도 내가 만든 물건을 다른 사람들이 사용할 것이다. 그래서 내가 하는 일은 그 자체가 타인을 위한 것이라고 말할 수 있다. 어쨌든 나는 일을 통해서 다른 사람들과 사회적 관계를 맺게 되고 사회적인 기여를 하고 있는 것이다.

옛날 어느 마을에 개미와 꿀벌이 살았다.

개미는 일터에 나가 열심히 일했다.

나뭇잎을 잘라 나르기도 하고, 다른 벌레의 알을 나르기도 했다.

그런데 그것은 오직 개미들만의, 개미들만을 위한, 개미들의 먹이를 비축하기 위한 것이었다.

꿀벌도 일터에 나가 열심히 일했다.

여왕벌의 명령을 받고 일벌들은 꽃밭에 나가 열심히 꿀을 만들었다.

이곳저곳 꽃들을 찾아 꿀을 모아 벌통으로 가져왔다.

하지만 그 꿀들은 벌들만 먹기 위한 것은 아니었다.

내가 하는 일은 과연 개미의 일인가 아니면 꿀벌의 일인가?

c. 직업의 역습

2016년 3월 9일, 이세돌 9단은 서울 포시즌스 호텔에서 열린 알파고와의 '구글 딥마인드 챌린지 매치' 5번기 제1국에서 186수 만에 흑으로 불계패했다.

인공지능이 바둑에서 인간 최고수를 이긴 것은 이번이 처음이다.

구글 자회사인 구글 딥마인드가 개발한 알파고는 지난해 10월 유럽 챔피언 판후이 2단을 5대 0으로 누르면서 인간 프로기사를 이긴 최초의 인공지능이 됐고, 이번에는 최초로 세계 바둑 1인자까지 제압했다.

초반까지 둘은 팽팽한 접전을 펼쳤다. 중반에는 이세돌 9단이 좌중앙에 큰 흑집을 지어 다소나마 유리한 형세를 만들었다. 그러나 불리한 판세를 느낀 알파고는 무서운 승부수 '한 방'으로 전세를 뒤집었다.

알파고는 102수로 우변 흑집에 침투했다. 이에 이세돌 9단이 장고를 거듭했으나 뚜렷한 대응책을 찾지 못했다. 고개를 흔들던 이세돌 9단은 결국 186수 만에 돌을 던져 패배를 인정했다.[22]

지금 우리는 과학기술이 기하급수적으로 발달하는 시대에 살고 있다. 지난 20세기 100년 동안 이루었던 모든 것을 앞으로는 단 20년 만에 이룰 수 있고, 그만큼의 발전을 다시 14년 만에, 그다음에는 7년 만에 이루어 낼 수 있다고 한다.

앞으로 10년 후에는 현재 지식근로자들이 가지고 있는 지식의 대부분을 인공지능 컴퓨터가 해결해 주게 될 것이다. 스스로 글을 써서

22) 연합뉴스, 2016. 03. 09.

문단에 데뷔한 인공지능이 나타났으며, 그림을 그려 옥션에 판매한 인공지능도 등장했다.

전문가들은 향후 20년 동안 로봇 기술이 획기적으로 발전하게 될 것으로 보고 있다. 최근 일본에서는 은행의 안내원 역할을 하는 로봇, 라면을 끓이는 로봇이 나와서 화제가 되었다. 앞으로 몇 년 안에 인간처럼 움직이는 로봇이 판매될 것이라는 전망도 있다.

그리고 3D 가상현실을 활용한 커뮤니티 플랫폼이 구축되면 가상공간이 현실과 똑같이 구현될 수 있게 된다. 그런 가상공간을 잘 활용하게 되면, 아주 적은 비용으로 전 세계 사람들과 한자리에 모여 공동연구 프로젝트를 수행할 수 있다.[23] 이와 같은 과학기술혁명은 인간의 삶을 획기적으로 바꾸어 놓게 될 것이다.

그런데 인간이 만들어 놓은 과학기술은 결국 노동시장에서 인간을 밀어낼 것으로 보인다. 직관과 창의력이 필요한 고도의 두뇌게임인 바둑에서 알파고가 세계 최강의 이세돌 9단을 꺾은 것은 인공지능이 예상을 뛰어넘는 속도로 인간의 영역을 대체할 수 있음을 일깨운 것이다. 단순 작업은 물론 고도의 정신노동, 예술과 기술 장인의 영역에서도 인간의 자리를 빠르게 밀어낼 것이다.

무인 자동차와 드론이 택시기사를, 로봇 자산관리가 펀드매니저의 일자리를 빼앗는 날이 곧 다가올 것이다. 또 로봇들이 사람처럼 여기저기 움직이면서 사람들이 하는 일을 대신하게 될 것이다. 이제 로봇은 우리의 집에서, 회사에서, 퇴근 후 회식 자리에까지 따라다니며 우리들의 일을 대신하게 될 것이다.

---

23) 이무근, · 이찬 공저, 『대학생의 진로 멘토링』, 교육과학사, 2012, p.114.

이런 과학기술의 발달은 사람들의 일하는 방식을 획기적으로 변화시키게 된다. 이제는 어떤 일을 할 때 예전처럼 많은 사람들이 필요 없게 될 것이다. 게다가 회사들이 아웃소싱을 확대하고 해외에서 저렴한 노동력을 투입하게 되면 우리들이 할 일은 더욱 좁아지게 될 것이다.

그래서 생산성은 증가하지만 고용은 감소하는 "고용 없는 성장"이 일어날 것이다. 이른바 제레미 리프킨[24]이 주장한 "노동의 종말"은 현실화 되고 있다. 인공지능, 로봇 등이 인간의 노동력을 대체하게 되면, 일자리는 줄어들고 대량노동은 사라지게 될 것이기 때문이다.

베틀의 북이 저절로 혼자서 움직이고,
호미는 저절로 땅을 파며,
지게는 저절로 알아서 무거운 짐을 나른다.

소는 알아서 밭을 갈고
말은 알아서 주인을 태우고 가며
나귀는 알아서 짐을 운반한다.

땅은 스스로 경작되고
벼농사가 저절로 되며
벼들이 저절로 수확되고
방앗간의 방아도 스스로 벼를 찧는다.

---

24) 제레미 리프킨(Jeremy Rifkin, 1945년~)은 경제학자, 사회학자, 작가이며 워싱턴 경제동향연구재단(Foundation on Economic Trends (FOET))의 설립자이자 이사장으로서 미국 및 국제적 공공 정책 수립에 영향을 미쳤다.

이제 세상은 이런 방향으로 가고 있는 듯하다. 그렇다면 우리 인간은 무엇을 할 것인가? 과학기술의 발달이 인간의 노동과 직업을 빼앗는다면 과연 인간은 행복할 수 있겠는가? 이제 인간은 무엇을 해야 하는가? 어떻게 고용 없는 성장을 멈추게 하며 일자리를 창출할 것인가?

일과 행복

2

일은 우리에게 무엇을 주는가?

1) 일의 결과와 불편한 진실

a. 일이 주는 손해와 혜택

김환자는 요즘 괴로운 나날을 보내고 있다. 문제는 얼마 전 동네 한의원에 다녀오고 난 뒤 일어났다. 허리가 아파서 한의원을 찾았는데 한의사가 봉독 주사를 맞으면 좋다고 해서 그렇게 했다. 그런데 그 봉독 주사가 화근이 됐다. 김환자는 봉독 주사를 맞은 뒤부터 오한이 들기도 하고 구토가 나기도 했으며, 피부 아래에 벌레가 기어 다니는 듯한 느낌이 들기도 했다.

그래서 다시 그 한의원을 찾았다. 한의사는 그런 증상은 얼마 후 가라앉을 것이라고 하면서 봉독 주사를 계속 놓았다. 그런데 한의사의 말과는 달리 김환자의 증상은 더욱 심해져 가기만 했다. 그래서 다시 한의원을 찾아 가면 한의사는 봉독 주사 시술을 계속했다.

김환자의 증세는 더욱 심해져 갔다. 견디다 못한 김환자는 한의사에게 당신의 시술이 잘못된 것이 아니냐고 따졌다. 그러나 한의사는 자신의 시술은 한의학의 원리에 따라 제대로 시술한 것이라고 말했다. 그래서 결국 김환자는 그 한의사에 대해 법원에 소송을 제기했다. 자신이 받은 피해에 대해 배상하라는 것이었다.

내가 의사인 커티스 선생을 존경하는 데는 이유가 있다. 어느 날 커티스 선생은 뇌졸중이 생겼다가 회복한 뒤로 몇 달째 퇴원 날짜만 기다리고 있는 환자에게 가고 있었다. 그는 매일 36명의 환자를 점검하며 회진을 도는데, 어느 날 이상하게 퇴원을 하지 않고 휠체어를 탄 채 계속 병동에 남아서 여전히 치료를 받으러 가는 환자가 눈에 띄었다. 커티스 선생은 그 환자에게 물었다. "왜 아직도 휘체어를 타고 다녀요? 걸을 수 있는데 왜 아직 퇴원을 안 하고 여기 계시죠?"

환자가 말했다. "신발이 없어요, 선생님. 병원에서 특수 신발을 주문했는데 아직 메디케이드에서 승인이 안 떨어졌어요." "주문한지 얼마나 됐는데요?" "석 달 됐어요"

커티스 선생은 잠시 생각하다 다시 물었다. "신발 사이즈가 어떻게 되세요?" "9호 신습니다."

커티스 선생은 잠시 생각에 잠겼다. 그는 자신이 해야 할 업무, 돌봐야 할 다른 환자, 기록해야 할 차트, 작성해야 할 서류 등을 생각해 보았다. 그리고 나서 그는 병원에서 나와 차를 타고 월마트로 가서 16.99 달러를 주고 9호 운동화를 손에 들고 돌아와 재활병동으로 갔다. 그는 환자에게 신발을 신겨 퇴원시켜 주려고 한 것이다.

"신발값은 보험 청구하실 건가요?" 내가 물었다. 그는 그저 웃기만 했다. 재활병동으로 바삐 움직이는 커티스 선생의 뒷모습을 보며 나는 궁금해졌다. "커티스 선생은 왜 저런 일을 하고 있을까? 그리고 다른 사람들은 왜 저런 생각을 하지 못했을까?"[25)]

수도권의 신도시에 자리를 잡은 한의사 조의원은 하루에도 40~50

25) 빅토리아 스위트 지음, 김성훈 옮김, 『신의 호텔: 영혼과 심장이 있는 병원, -라구나 혼다 이야기』, 와이즈베리, 2014. p.102.

명의 환자를 돌본다. 그는 한의사로서 지켜야 할 매뉴얼에 따라 환자들을 돌보고 있다. 환자의 상태를 진단하고 문진을 하고, 처방을 하고, 치료를 하는 일이 그의 일상이다.

얼마 전 조의원을 찾아온 환자는 허리 디스크에 문제가 있어서 왔다고 했다. 그의 상태를 진단해 보니 봉침 시술이 적합하다는 판단을 하고 그것을 처방했다. 그러한 진단과 처방은 거의 기계적으로 이루어지는 일이기 때문에 진료경과기록도 남기지 않았다.

그는 그 환자의 현재의 증상은 물론이고 과거의 병력, 생활 습관, 그리고 환자가 겪고 있는 어려움 전반에 대해 자세히 물을 필요를 느끼지 못했다. 그는 한의사로서의 전문성에 따라 봉독 치료를 선택했다. 그리고 그의 지금까지의 처방에 대해 환자들은 아무런 이의를 제기하지도 않았다. 지금까지는 그의 진단과 처방대로 환자들이 잘 치료되었다. 그래서 그는 나름대로 그 분야에 대해 자신감을 갖고 있었다.

조의원은 그런 자신감을 갖고 있었고 밀려드는 환자들 때문에 어느 한 환자에게 진료 과정이나 치료 방법을 자세하게 설명할 시간이 없었다. 그리고 환자와의 대화를 통해 환자가 충분히 이해할 수 있게 배려하고 환자와의 합의에 따라 시술 방법 등을 결정하지도 않았다. 그는 자신의 전문성에 의거해서 모든 것을 결정했다. 지금까지 통상 그런 방법으로 치료해 왔으나 심각한 부작용을 호소하는 환자도 없었다.

그런데 이번 허리 디스크 환자는 예외였다. 그는 심각한 부작용을 호소했다. 그는 봉독치료 후 목이 뻣뻣해지고 허리 통증이 심해졌다고 말했다. 게다가 그 환자에게 전에는 없었던 눈의 결막염과 급성 편도염을 호소하고 있으며, 피부 아래에서 벌레가 기어 다니는 듯한 느낌을 받는다는 말을 한다. 이러한 환자의 호소에 대해 조의원은 그 환자가 본래 가지고 있었던 기왕증 때문에 그런 증상들이 나타난다고 대응하고 있다.

> 자작나무 숲의 하얀 성에 핑크 킹이 살았다.
> 핑크 킹은 분홍색 왕관을 쓰고 자작나무 마을을 다스렸다.
> 하루는 높은 탑 위에 올라 마을을 내려다보던 핑크 킹은 말했다.
> "나는 모든 지붕을 분홍색으로 바꾸고 싶어. 창문과 담장도 몽땅!"
> "내가 좋아하는 당나귀도 분홍색으로 바꾸고 싶군"
> 신하들은 핑크 킹이 사는 하얀 성을 분홍색으로 칠했다.
> 마을 사람들은 발을 동동 굴렀다.
> "이럴 수가, 나는 분홍색이 싫은데" "나는 파란 지붕이 좋아!"
> 충직한 신하인 난쟁이는 용기를 내서 핑크 킹에게 말했다.
> 사람들은 달라요. 어떤 사람은 빨강색, 어떤 사람은 노란색, 어떤 사람은 초록색, 모두들 자신이 좋아하는 색이 있답니다." "그럼 어떻하지?"
> 그때 난쟁이가 폴짝 물구나무를 섰다. "생각을 바꾸세요!"[26)]

우리는 어떤 일을 하든 일의 결과가 타인에게 어떤 영향을 미칠지를 생각해 보아야 한다. 일은 그 자체가 나 자신에게 하는 것이 아니라 타인에게 하는 것이다. 그리고 그 일의 결과는 타인에게 긍정적이든 부정적이든, 어떤 형태로든 영향을 미친다.

---

26) 우리누리 글, 『핑크 킹』, 철학동화 1, 대교아인슈타인, p.31.

b. 일과 불편한 진실들

최고통씨는 1997년 겨울 첫째 아이를 출산한 직후부터 옥시싹싹 가습기 제품을 사용했는데, 딸이 만 4세 때인 2001년 10월 '호흡부전'으로 사망했다.

2000년 12월 태어난 둘째 아이도 언니와 매우 유사한 증상의 폐 질환을 앓다가 2008년 만 8세의 나이로 사망했다.

최고통씨는 "2011년 가습기 살균제에 대한 정부조사발표 당시 아이들의 사망이 가습기 살균제 사용과 관련이 있는 것으로 의심된다"고 말했다.

그녀는 10년 동안 두 아이를 잃는 과정에서 받은 끔찍했던 고통을 호소했다.

2016년 8월 '가습기 살균제' 사망자 18명이 추가 확인됐다. 정부가 인정한 사망 피해자만 113명으로 늘어났다. 현재까지 가습기 살균제로 폐 손상을 입었다고 인정된 피해자는 생존자와 사망자를 합쳐 258명이 됐다. 하지만 정부는 가습기 살균제 피해를 폐질환에 국한하고 있다.

그러나 가습기 살균제가 산모를 통해 태아에게 영향을 주거나 코, 간 등 다른 기관과 장기에도 손상을 준다는 연구 결과들이 나오고 있다. 그래서 피해 범위를 다른 장기로 확대해야 한다는 목소리가 거세다. 또한 현재까지 판정을 받은 695명보다 5배 많은 3600여 명이 판정을 기다리고 있어 피해 규모는 훨씬 늘어날 가능성이 높다.

독성 가습기 살균제를 제조 · 판매해 100여명이 넘는 사망자를 낸 옥시레킷벤키저[27]에서 20년 가까이 일한 직원 김ㅇㅇ씨는 2시간 가량

언론사와 인터뷰를 진행했다. 그는 회사가 이번 사태에 대해 적극적으로 나서지 않는 데 대해 매우 답답해 하면서, "피해를 본 분들에게 확실하게 사과하고, 사태의 원인을 분명하게 밝혀야 한다"고 말했다.

"가습기 살균제는 옥시의 300여개 생산물품 중 하나였다. 게다가 가습기 살균제는 우리 공장에서 생산하는 품목이 아니고, 한빛 화학에서 OEM 방식으로 생산하는 품목이었다. 매출액도 10억~20억 수준에 불과했고 전체 매출의 1%가 안되는 품목이었다. 그래서 안전성에 대해 크게 신경을 안 썼을 것이다."

"원래 2001년 이전부터 옥시는 가습기 살균제를 팔았다. 그때는 독성 물질이 아니었다. 그런데 회사는 늘 원가절감을 하려고 했다. 관리자들이 모여서 회의를 하고 생산원가를 낮출 계획을 짰다. 2001년 포뮬러(원료)를 바꿨다고 하더라. 에스케이 케미칼에서 싸게 공급을 받은 거 같다. 누군가가 아이디어를 냈을 것이다. 더 싸게 만들 수 있다고. 그 과정에서 제대로 검증을 했어야 하는데, 그걸 제대로 안 한 것이다. 원가절감을 과도하게 추진하면서 안전 문제를 제대로 보지 않은 것이다."

> 옛날 중국에서는 새로운 종(鐘)을 제작할 때 잘 생기고 뿔이 곧게 돋아 있는 소의 피를 종에 바르고 제사를 지내는 풍습이 있었다.
>
> 그 소를 기르던 사람이 어느 날 쇠뿔이 비뚤어진 것을 바로잡으려고 천으로 소의 뿔을 동여맨 채 힘껏 잡아당기기를 열흘 동안

27) 옥시레킷벤키저(Oxy Reckitt Benckiser)는 영국의 종합 생활용품 업체인 레킷벤키저의 대한민국 현지법인이다.

계속하자 쇠뿔이 뿌리째 빠져서 결국 그 소가 죽게 되었다. 잘못된 점을 고치려다 그 방법이나 정도가 지나쳐 오히려 일을 그르침을 이르는 말이다.

옥시레버킷 사건은 생산원가를 낮추는 과정에서 원료를 더 싸게 공급받기 위해 그것을 바꾸는 과정에서 일어난 것이다. 그리고 그것이 인체에 어떤 영향을 미칠지에 대한 검증이 없이 생산에 들어갔다. 어떤 나쁜 일이 일어나는 원인은 어찌 보면 사소한 것에서 발생한다.

그런데 좋은 일이 일어나는 원인도 따지고 보면 어떤 사소한 생각이나 아이디어에서 비롯되는 경우가 많다.

2006년 탐스슈즈(TOMS shoes)를 창업한 블레이크 마이코스키(Blake Mycoskie)는 아르헨티나의 마을을 여행하며 많은 아이들이 신발조차 신을 수 없는 빈곤에 시달리고 있는 것을 보았고, 이 문제에 대해 관심을 갖게 되었다. 그들에게 지속적인 도움을 주기를 원했던 그는 현지에서 친분을 쌓은 폴로 강사인 알레호 니티(Alejo Nitti)와 의기투합해 아르헨티나의 전통 신발인 알파르가타를 현대적으로 변형시켜 제작한 신발을 만들었다.

탐스는 초창기 기부목표량이 200켤레였을 정도로 매우 작은 사업장에 불과했지만 일대일 기부공식인 'One for one'을 현실화하면서, 론칭 6개월 만에 1만 켤레의 신발을 기부했다.

소비자와의 약속을 지키고, 빈곤지역의 어린아이들을 돕는 탐스의 경영방식에 소비자들은 열광했고, 지난 2010년에는 100만 켤레의 신발을 판매했다. 지금까지 8년간 1천만 켤레를 기부한 탐스의 사례는 소비자와 기업이 함께 가치를 창출한 대표적인 '공유가치창출' 활동이라 할 수 있다.

공유가치창출(公有價値創出, CSV)[28]이란 경제적, 사회적 조건을 개선시키면서 동시에 비즈니스 핵심 경쟁력을 강화하는 일련의 기업 정책 및 경영활동을 의미한다. 그런데 기업이 공유가치를 창출하기 위해서는 다음과 같은 세 가지 조건을 충족해야 한다.

우선, 기업은 시장에 더 나은 서비스를 제공하거나 혁신을 통해 비용을 낮춤으로써 사회적 요구를 충족시킬 수 있다. 둘째, 기업은 천연자원에 대한 감시인으로서 활동하고 경제, 사회 발전을 촉진시키면서 자원 투입과 분배의 양과 질, 비용 및 신뢰 등을 개선할 수 있다. 셋째, 기업은 사회와 함께 성장하기 위해서 도로와 통신과 같은 인프라, 재능 있는 인력, 효과적이고 예측가능한 제도 등과 함께 클러스터를 구축해야 한다.

탐스슈즈의 'One for One' 경영방식은 고객이 신발을 한 켤레 사면 저소득층 지역의 어린이에게 한 켤레를 기부하는 것이었다. 이 독특한 방식이 입소문을 타고 전세계로 퍼졌고, 공유가치창출의 대표주자로 우뚝 섰다.

일은 사람들에게 좋은 결과를 가져다 줄 수도 있고, 나쁜 결과를 가져다 줄 수도 있다. 그런데 그 시원(始原)은 사람들의 작은 생각에서 비롯된다. 어떤 생각을 가지고 일을 하느냐에 따라 그 결과가 크게 달라질 수 있다.

---

28) 공유가치창출(Creating Shared Value, CSV)이란 하버드대 마이클 포터 교수가 주창한 것으로 기업이 수익 창출 이후에 사회공헌 활동을 하는 것이 아니라 기업 활동 자체가 사회적 가치를 창출하면서 동시에 경제적 수익을 추구하는 것으로써 기업의 경쟁력과 주변 공동체의 번영이 상호 의존적이라는 인식에 기반하고 있다.(KDI 경제정보센터)

c. 옳은 일과 좋은 일

적십자사 혈액사업본부의 김ㅇㅇ씨, 동부 혈액원의 임ㅇㅇ씨, 남부혈액원의 이ㅇㅇ씨는 2003년 7월 KBS "추적 60분"을 통해 대한적십자사의 부실한 혈액관리 실태를 외부에 알렸다. 그들은 언론에 이 사실을 알리기 전에 여러 차례 적십자사 내부에 이 문제에 대한 시정을 건의하였으나 적십자사는 줄곧 그들의 건의를 묵살했다.

적십자사의 본래 목적과는 어긋나는 부실한 혈액공급과 관리실태는 그들에게 상당한 심리적 갈등 요인이 되었다. 적십자사가 공급하는 혈액은 국민 다수에게 약이 될 수도 있고 독이 될 수도 있었다. 특히 불의의 사고로 인해 가족, 친구, 이웃, 동료가 수혈을 받을 수도 있기 때문에 부실한 혈액의 공급과 관리 실태를 모른 척한다는 것은 결코 묵과할 수 없는 일이었다.

"오염된 혈액이 공급되는 등 부실한 관리실태가 엄청난데도 전혀 모른 척하고 있어서는 안 된다고 판단했습니다. 우리의 아들딸들이 그런 피를 수혈받는 모습을 상상해 보세요. 그걸 그냥 참고 있을 수 있겠습니까. 물론 고민도 엄청 했습니다. 하지만 결론은 이대로는 안 된다는 거였습니다"[29]

가끔 내부고발자 사례가 언론에 보도 되는 것을 볼 수 있다. 그런데 그 내부고발자들에게서 엿볼 수 있는 것은 불의를 보고 참지 못하는 마음일 것이다. 맹자[30]가 말한 사단지심(四端之心) 중 수오지심(羞惡之心)

29) 장용진, 박성은, 민지혜, 「한국의 내부고발자 사례를 통해 본 효과적인 내부고발의 조건과 함의」- 행정논총, 제49권 제4호, 2011, pp.130-131.

30) 맹자(孟子, BC. 372-289?): 중국의 전국시대 추나라 사람으로 이름은 가(軻)이고,

은 자기의 옳지 못함을 부끄러워하고, 남의 착하지 못함을 미워하는 마음을 말한다.

한마디로 불의를 참지 못하는 마음이다. 그것은 자신의 이익이나 안위를 위해 현실과 타협하지 않는 올곧은 마음이다. 맹자는 인간이 본래부터, 선천적으로 그런 마음을 갖고 태어난다는 것이며, 그런 마음이 없다면 인간이 아니라고 말한다.

그와 비슷한 말을 하는 서양의 철학자를 살펴보면 독일의 칸트[31]를 들 수 있다. 우리는 칸트의 도덕론을 의무론이라고 부른다. 한마디로 인간은 자신의 실천이성(양심)의 명령을 반드시 지켜야 한다는 것이다. 인간은 모두 양심을 가지고 있으며 그 양심의 명령을 따를 때 도덕적으로 선하다고 말할 수 있다.

양심의 명령은 누구에게나 동일하게 주어지며 누구나 지켜야 할 의무를 갖는다. 또한 그것은 어떤 경우에도 예외 없이 지켜야 하는 것이다. 예를 들면 사람은 어떤 경우에도 거짓말을 해서는 안 된다. 만약 피치 못할 사정이 있어 거짓말을 한다 해도 그것은 양심의 명령을 어기는 꼴이 된다. 물론 여기에는 도덕적 딜레마가 생길 수 있다.

예를 들어 만약 살인자에게 쫓기는 친구를 숨겨줬는데 그 살인자가

자는 자여(子輿) 다. 어릴 때부터 공자를 숭상하고, 공자의 사상을 발전시켜 유학을 후세에 전하는 데 큰 영향을 끼쳤다. 맹자는 인간에게 본래 4가지 선한 마음이 있다고 말했다. 측은지심, 수오지심, 사양지심, 시비지심이 그것이다.

31) 칸트(Immanuel Kant, 1724-1804) : 근대 계몽주의를 정점에 올려놓았고 독일 관념철학의 기반을 확립한 프로이센의 철학자이다. 그는 21세기의 철학에까지 영향을 준 새롭고도 폭넓은 철학적 관점을 창조했다. 그의 탁월한 저서 중 하나인 ≪순수이성 비판≫은 이성 그 자체가 지닌 구조와 한계를 연구한 책이다. 그가 만년에 출간한 다른 주요 저서에는 윤리학을 집중적으로 다룬 ≪실천이성 비판≫과 미학, 목적론 등을 연구한 ≪판단력 비판≫이 있다.

나에게 친구의 행방을 묻는다면 나는 거짓말을 해야 하는가 아니면 진실을 말해야 하는가? 정말 어려운 질문이 아닐 수 없다. 그러나 인간은 가능한 한 자신의 양심을 지키도록 노력해야 한다는 것이 위에서 말한 철학자들의 주장일 것이다.

앞의 사례에서 내부 고발자들은 그들에게 닥쳐올 협박과 해고 등 두려운 결과를 예상했음에도 불구하고 적십자의 혈액관리의 문제점을 사회에 알리고, 결과적으로 그 문제점을 고치게 되었다. 그들의 양심에 따른 용기 있는 행동이 없었다면 그런 사회적 문제점은 그냥 묻혀 버리고 말았을 것이다.

다른 한편으로 사람들은 서로 협력하여 좋은 결과를 만들어 내는 일을 하기도 한다. 다음의 사례는 그런 일을 잘 말해 주고 있다. 김해시에 소재한 대포천이 4-5급수로 전락하게 되자 1997년부터 주민의 자발적 노력, 그리고 중앙정부, 지방정부의 지원과 협력 속에 수질을 1급수로 개선하는데 성공하게 된다.[32)]

다양한 오염원을 지닌 대포천 유역의 수질 개선을 위해서 주민들은 "상동면 수질 개선 대책위원회"를 구성하여 대대적인 수질 정화 운동을 벌여 자발적으로 오염을 줄여나가기 시작했다.

수질 개선기금 모금, 수계별 감시단의 조직화, 합성세제 덜 쓰기 운동, 가정 및 식당의 오폐수 저감장치 설치, 범면민 하천 정화 활동 등 주민들의 자율적이고 자발적인 노력으로 대포천은 1998년 2월 이후 BOD 기준 1급수 하천으로 개선되었다.

그 후 정부와 주민 간에 자발적 협약을 체결하여 1급수 수질 유지

---

32) 유재원, 홍성만, 「정부의 시대에서 꽃핀 Multi-level Governance」, 『한국정치학회보』 제39집 제2호, 2005, pp.177-180.

노력은 지속되었다. 그 결과 2003년 자연 생태복원 우수 사례로 지정되었고, 2004년에는 '수질 개선지역'으로 지정되었다.

이 사례는 정부의 지원과 주민들의 자발적인 노력으로 수질을 1급수로 개선한 결과를 잘 보여 준다. 그런데 주민들은 왜 자발적으로 협력하게 되었을까? 그것은 그들의 협력과 노력이 수질 개선이라는 좋은 결과를 가져올 수 있다는 기대를 가졌기 때문이다. 결과가 좋으면 모든 것이 다 좋은 것이다. 그것이 곧 선이다.

서양사상에서 보면 앞에서 보았던 칸트의 의무론과 대비되는 것이 공리주의다. 공리주의를 대표하는 벤담[33]은 결과적으로 최대 다수의 최대행복을 가져다준다면 그것이 곧 선한 것이다. 반대로 최대 다수의 최대 불행을 가져다준다면 그것은 악한 것이 된다.

한마디로 여러 사람들에게 좋은 결과를 가져다줄 수 있다면 그것이 곧 도덕적으로 선한 것이 된다. 좋은 일을 많이 만들어 낼수록, 최대한 많은 사람들에게 좋은 일이 될수록 선한 것이다.

> 전국시대 합종책(合從策)으로 한(韓), 위(魏), 조(趙), 연(燕), 제(齊), 초(楚) 6국의 재상을 지낸 종횡가 소진(蘇秦)은 이런 말을 한다.
>
> "옛날에 일을 잘 처리했던 사람은 '화를 바꾸어 복(福)을 만들고 [轉禍爲福]' 실패한 것을 바꾸어 공(功)으로 만든다 [因敗爲功]."[34]

---

33) 제러미 벤담(Jeremy Bentham, 1748~1832), 영국의 법학자, 철학자, 변호사. 그는 "최대 다수의 최대 행복"을 추구하는 공리주의를 표방했다. 그는 공리주의의 사상 체계를 만드는 데 큰 기여를 하였고, 존 스튜어트 밀(J.S. Mill)과 같은 철학자를 배출했다. 정치에서는 공상적 사회주의의 시초인 로버트 오언(Robert Owen: 영국 최초의 사회주의자, 협동조합 설립운동의 창시자)을 배출했다.

34) 전국책((戰國策) 연책편(燕策篇)

결과적으로 복(福)과 공(功)을 만들어 낼 수 있다면 좋은 것이다. 어떤 일의 원인이 좋든 나쁘든 혹은 옳은 것이든 그른 것이든 그것은 중요하지 않다. 문제는 결과가 좋으면 다 좋은 것이 된다. 그것도 최대한 많은 사람들에게 좋은 결과를 가져다줄 수 있다면 말이다.

2) 일과 윤리의 문제

a. 도덕적 인간

> 원영군의 계모 김모씨(당시 38세)는 아이가 소변을 못 가린다는 이유로 2015년 11월부터 3개월 동안 차가운 욕실에 가둬놓고 수시로 때렸다.
>
> 변기 바깥쪽으로 소변을 흘렸다는 이유로 원영이 몸에 살균제인 락스를 퍼붓는가 하면, 추운 겨울에 아이에게 찬물을 끼얹었다. 그러고 나서 밥도 제대로 먹이지 않고 20시간 동안 방치했다.
>
> 아버지 신모씨(당시 38세)는 계모의 학대 행위를 알면서도 처벌받을까 봐 계모의 학대를 모른 척했다. 원영이는 계모의 학대와 아버지의 무관심 속에서 차디찬 욕실 바닥에서 짧은 생을 마감했다.

욕실 바닥에 쓰러져 숨진 원영이를 발견한 계모 김씨와 아버지는 아이를 이불에 둘둘 말아 세탁실에 방치했다. 열흘 동안 시신을 방치한 이들은 원영이의 친할아버지 묘소가 있는 평택의 한 야산에 아이를 암매장했다. 신씨 부부는 범행이 발각될 것을 대비해 아이가 살아있는 척 연기까지 한 것으로 경찰 조사 결과 드러났다.[35]

최근 부모가 자신의 유전자를 이어받은 자녀들을 학대, 살해하는 사건이 일어나고 있다. 일반적으로 알려진 바와는 달리 아동학대의 87% 가량은 친부모에 의한 가해행위이고, 그러한 가해행위 중 보다 잔혹한 행위의 대부분이 친부모에 의해 자행된다는 데 문제가 있다.

요즘 들어서 과거에 비해 특별히 아동학대의 빈도가 더 많아진 것은 아니다. 이전에는 감춰졌던 것들이 외부에 드러나고 있다고 보는 편이 더 타당할 것이다. 특히 2015년 12월 20일, 30대 남성과 그 동거녀가 11살 딸을 2년간 감금, 학대해 구속된 사건을 기점으로 그 진상이 속속 드러나고 있다.

이 사건 이후, 정부는 취학연령임에도 초등학교에 나오지 않는 아이들을 전수조사하는 과정에서 숨겨져 있던 잔혹한 사건들이 드러나고 있다. 그 후 한달을 조금 넘는 기간 동안, '부천 초등생 아들 시신 훼손 사건', '부천 13살 딸 시신 방치사건', '용인 광주 큰딸 학대 살해 암매장사건' 등이 연달아 세상에 드러나고 있다.

그렇다면 부모들은 왜 자신의 자녀들을 잔혹하게 학대 살해하는 것일까? 전문가들은, 가정 불화, 사업 실패, 실직으로 인한 생활고, 우울증 및 불안감 등을 주된 원인이라고 말한다. 또한 자식을 소유물로 여기는 한국 사회의 자녀관에도 책임이 있다고 한다.

그럼에도 불구하고 자신의 자식을 자신의 손으로 죽인다는 사실은 이성적으로 설명하기 어려운 측면이 있다. 어떤 심리학자는 그런 일들이 '투사'나 '동일시'의 기제에 의해서 일어난다고 주장한다. 자녀는 자신의 유전자를 전달받은 존재이다. 적어도 반은 자신과 다르지 않다.

35) 연합뉴스, 2016. 03. 14.

거기에 문제의 핵심이 있다. 자신의 감정이 전적으로 투영된다.

그 자녀의 얼굴이나 행동의 많은 부분에서 자신의 모습을 발견하게 된다. 물론 자기 처지가 좋을 때는 큰 문제가 되지 않는다. 자신의 잘난 모습을 보게 될 테니까. 그런데 자기 처지가 나빠지면 누구에게서든 그 나쁜 모습을 찾고 싶어진다.

바로 책임을 전가할 거울을 찾게 되는 것이다. 그 거울 속에서 못난 자신을 나무라고 질책하는 행위가 시작된다. 표면적으로는 아이에 대한 폭언과 방치, 폭력 등을 행사하는 것으로 드러난다. 결국 아이를 때리고 학대하는 행위는 본질적으로는 자기 자신을 용서하지 못하는 행위의 또 다른 측면이다.[36]

그런데 인간의 행위는 심리학적으로, 또는 과학적으로 설명되지 못하는 부분이 있다. 그것만으로는 인간 행위의 도덕성, 즉 악함과 선함을 설명할 수 없기 때문이다. 원영이 사건은 인간의 악한 본성에서 비롯된 것인가? 아니면 선한 본성을 가지고 있으나 그것을 제대로 발현하지 못한 것인가? 그것은 인간이 본래 도덕적 존재인지 아닌지에 대한 물음이기도 하다.

중국의 순자(荀子)[37] 는 인간의 본성을 원래 악한 것으로 보았다. 인간은 나면서부터 자기 이익을 추구하기 마련이어서 그대로 내버려두면 서로 싸우고 빼앗고 하여 양보란 있을 수 없을 것이다. 또한 나면서부터 남을 미워하고 시기하게 마련이다.

---

36) 배상훈, 『레디앙미디어』, 2016. 2. 19.

37) 순자(荀子, BC 298년? ~238년?)는 고대 중국의 전국시대(戰國時代) 말기의 유가 사상가로, 이름은 순황(荀況)이다. 공자의 사상 중 예(禮)를 강조하여 발전시켰는데, 사람의 본성은 착하다는 맹자의 성선설에 반대하여, 악한 본성을 예를 통해 변화시켜 선하게 만들어야 한다는 성악설(性惡說)을 주장하였다.

그래서 그대로 내버려 두면 남을 해치고 상하게 할 줄만 알고, 이롭게 할 줄 모른다. 인간의 타고난 이익 추구의 욕망, 증오와 시기, 그리고 감각적 욕망은 그 본성이 악함을 잘 말해 준다. 그것은 인간의 싸움과 혼란을 조장하는 뿌리이다.

그러므로 그 악한 본능과 욕망은 절제되어야 하며 교육에 의해 교화되어야 한다. 반드시 스승의 교화와 예의 법도가 있어야 남에게 사양할 줄도 알고 사회 질서를 지킬 줄도 알아 세상의 평화가 유지된다.

그런데 맹자(孟子)는 다음과 같이 말했다. 사람은 모두 남에게 차마(모질게) 하지 못하는 마음(불인인지심, 不忍人之心)이 있다. 선왕들은 이런 마음을 가지고 있었기 때문에 차마 남에게 (모질게) 하지 못하는 정치를 했다. (중략) 사람들은 모두 남에게 차마 하지 못하는 마음이 있다고 말하는 근거는 이렇다.

> "지금 사람들이 갑자기 어린아이가 우물에 들어가려는 것을 보면 모두가 깜짝 놀라고 측은한 마음을 갖는다. 그러나 그렇게 함으로써 어린아이의 부모와 교분을 맺으려는 것은 아니며, 또한 그렇게 함으로써 마을 사람들이나 친구들에게 칭찬을 듣기 위해서도 아니며, (구해주지 않았다는) 비난을 듣기 싫어서도 아니다. 이로써 미루어 보건대, 측은한 마음이 없으면 사람이 아니다."[38]

맹자에 의하면 남의 어려움을 보고 측은해하는 마음을 갖지 않는다면 사람이라고 말할 수 없다. 그렇다면 우리는 원영이 사건을 어떻게 보아야 할까? 다른 사람, 그것도 자신의 친자식을 모질게 죽이고 암매

38) 孟子集註, 公孫丑 上 6, 四端章(不忍人章) 不忍之心.

장까지 한 부모를 과연 인간으로 보아야 하는가? 그들에게는 측은지심이 없는 것인가? 있다면 그들의 측은지심은 왜 발현되지 못했는가? 아니면 순자가 말하는 것처럼 본심이 악한데 그 악이 교육이나 예법에 의해 순화되지 않은 것일까? 과연 인간은 도덕적 존재인가? 아닌가?

b. 이기적인 일, 이타적인 일

> 선박 설계사인 김슬쩍씨(30세)는 5만t급 선박 50여 척의 설계도면을 중국 조선소로 유출하다가 부산 해경에 붙잡혔다. 그는 자신이 일하던 조선소에서 1년 6개월 동안 회사의 핵심기술이 담겨 있는 설계도면을 빼냈다. 김씨는 회사에서 받은 암호로 1만여 차례 이상 공용 컴퓨터에 접속, 설계도면을 빼돌렸다. 그런데도 회사 측은 그 심각성을 깨닫지 못했다.
>
> 회사 측은 김씨가 필요 이상으로 암호를 해제하고 영업기밀을 자주 열어 본다는 사실을 알아채고도 정확한 유출 경위 조사 등은 하지 않았다. "절대 회사 밖으로 유출하지 않았다"는 김씨 말만 믿고 "기술이 유출되면 모두 책임져라"는 내용의 각서를 받는 데 그친 것으로 해경 조사 결과 나타났다.
>
> 해경 조사 결과 김씨는 연봉을 더 많이 받고 높은 직급을 받기 위해 설계 도면을 빼돌린 것으로 나타났다. 그 당시 국내 조선소에서 연봉 3천만 원 안팎인 주임으로 일하던 김씨는 중국 조선소로 이직하면서 연봉 6천만 원짜리 과장 직급을 받기로 했다.[39]

조선업계에서 경쟁사로 옮기거나 퇴사할 때 회사의 핵심 건조 기술

39) 연합뉴스, 2009. 12. 30.

이나 부품 제조 기술, 설계도면 같은 영업기밀을 빼가는 경우가 많다. 한 조선업계 관계자는 "영업기밀 유출은 몸값을 올려 회사를 옮길 때나 퇴사해 새로운 회사를 차릴 때 집중적으로 이뤄진다"고 말한다.

배를 건조하기 위해서는 한 척당 25억 원의 설계비가 든다. 50척이라 하면 단순 계산해도 회사 측은 1천200억 원 정도의 피해를 보는 셈이다. 더욱이 설계 도면이 중국과 같은 외국의 경쟁 조선소로 흘러 들어갔다면 조선 분야 국가경쟁력까지 갉아먹게 된다.

이런 일련의 사건과 관련하여 우리는 다음과 같은 물음을 제기해 볼 수 있다. "우리는 누구를 위해 일을 하는가?" 인간은 타인을 위해 일을 하는가? 아니면 자기 자신을 위해 일을 하는가? 이 문제는 인간이 이기적인 존재인가, 아니면 이타적인 존재인가 하는 문제로까지 비화된다.

세상의 모든 동물은 '생존'하려는 본능을 가지고 있다. 이것은 누구도 부인하기 힘들 것이다. 마찬가지로 동물의 영장인 사람 또한 누구나 '생존'의 본능을 가지고 있다는 것을 전제한다.

그런데 우리가 살고 있는 사회는 자본주의 사회다. 그 사회에서 인간이 '생존'하기 위해서는 철저하게 '이기적' 존재가 되어야 한다. 그것이 그 사회의 게임의 법칙이다. 다시 말해서 자본주의의 게임은 인간을 '이기적' 존재가 되도록 만든다.

현대의 자본주의 사회를 들여다보자. 그 사회에서 상품을 생산하거나 서비스를 제공하는 목적은 무엇인가? 그것은 자본가의 이윤추구든 노동자의 임금이든 돈벌이를 목적으로 한다. 게다가 자본가의 화폐에 대한 무한한 욕망은 노동자에게 적은 임금을 주고 더 많은 일을 시키도록 만든다.

그래서 야근과 철야를 하는 일이 다반사고, 비정규직이 늘어나고 임금체불이 생긴다. 사실 자본가들이 이렇게 '이윤'에 대한 욕망으로 발버둥치는 것은 시장에서 다른 자본가와 싸워 이기기 위한 것이기도 하다. 노동자들 또한 자신이 열심히 일을 하는 이유는 노동의 정당한 대가를 받기 위한 것이다. 자본주의 사회에서의 이러한 일들은 모두 생존의 본능에 바탕을 둔 이기적인 행동에서 비롯된 것이다.

『이기적 유전자』를 쓴 리처드 도킨스[40]는 사람을 비롯한 모든 동물이 유전자에 의해 창조된 기계에 불과하다고 주장한다. 우리의 유전자는 치열한 경쟁 세계에서 몇백만 년이나 생존을 계속해 왔다.

이 사실은 우리의 유전자에 특별한 성질이 있다는 것을 말해 준다. 즉, 성공한 유전자에 기대되는 특질 중에 가장 중요한 것은 '비정한 이기주의'라는 것이다. 이러한 유전자의 이기성은 보통 개체의 이기적 행동의 원인이 된다.

그러나 사람들은 그렇게 이기적으로만 행동할까? 우리는 많은 사람들이 남들을 이롭게 하지만 정작 자신에게는 손해가 되는 행위를 기꺼이 하는 경우를 본다. 그렇다면 우리 사회에 이타적인 동기를 가진 사람들이 존재한다는 사실을 부정할 수 없을 것이다.

요아힘 바우어[41]는 인간을 움직이는 가장 큰 동기는 이기적 유전자

---

40) 클린턴 리처드 도킨스(Clinton Richard Dawkins, 1941. 3. 26~) 영국의 동물행동학자, 진화생물학자. 도킨스는 진화에 대한 유전자 중심적 관점을 대중화하고 밈(meme)이라는 용어를 도입한 1976년 저서 ≪이기적 유전자≫로 널리 알려졌다.

41) 요아힘 바우어(Joachim Bauer, 1951.10.21.~) 독일 튀빙겐 출생으로 분자생물학과 신경생물학자. '공존'은 그의 주된 관심사로, 사회적 소외나 연대가 인간 사회와 개인의 신체적, 정신적 건강에 어떠한 영향을 미치는지에 대한 논의를 꾸준히 펼쳐왔다. 그의 공존의 철학은 인간 사회에만 머무르지 않고 자연 및 미래의 삶에까지 확장된다. 오늘날 학교가 처한 상황에 관심이 많으며, 교육이 인류의 현재와 미래를 바꿀 수 있는 알파이자 오메가라고 믿는다.

가 아니라 '사랑'이며, 인간을 인간이게 하는 원칙은 경쟁과 투쟁이 아니라 협력이라고 말한다.

그렇다면 우리는 우리가 하는 일은 누구에 대해서, 그리고 누구를 위해서 하는 것인지를 생각해 볼 수 있다. 우리는 육체적인 일을 하든, 정신적인 일을 하든 누군가에 대해서, 그리고 누군가를 위해서 일을 한다.

육체적인 일을 하는 경우를 생각해 보자. 공장에서 상품을 생산하는 일은 일차적으로 누구를 위한 일인가? 예를 들어 공장에서 스마트폰을 생산하는 사람들은 누구를 위해 하는 일인가? 그 상품은 일차적으로 그것을 구매하는 고객들을 위해 만드는 것이다.

그렇다면 서비스를 제공하는 일은 어떨까? 호텔리어가 서비스를 제공하는 것 또한 일차적으로는 고객에 대해서, 그리고 고객을 위해서 하는 일이다.

우리가 일을 한다는 것은 곧 어떤 행동으로 이어진다. 그리고 그 행동은 어떤 사물이나 타인에 "대한 것"이며, 그런 사물이나 타인을 "위한 것"이다. 일차적으로 그것은 나 자신에 대해서, 그리고 나 자신을 위해서 하는 일이 아니다. 그것은 상품을 생산하는 일이든, 서비스를 제공하는 일이든 마찬가지일 것이다.[42)]

더 나아가서 내가 일을 하는 것은 내가 속한 조직과의 관계 속에서 이루어진다. 나는 그 조직의 발전에 책임이 있으며 그 조직이 발전할 때 나도 발전할 수 있다. 내가 그 조직을 떠나려 한다면 합리적이고 적법한 절차를 거쳐야 할 것이다.

---

42) 반면에 타자(사물이나 사람), 또는 조직(공조직이든 사조직이든)을 해치거나 파괴하는 일과 행동은 전쟁이나 범죄로 나타난다.

c. 공생의 윤리

김 과장은 이 대리를 싫어한다. 그래서 김 과장은 작정하고 이 대리를 괴롭히기로 마음 먹었다. 이 대리가 결재를 올리면 일부러 지연시키거나 아무 이유 없이 다시 결재를 올리라고 지시한다.

김 과장의 그런 괴롭힘은 이 대리에게는 혐오와 증오를 가슴에 쌓아 두게 한다. 그것을 결국 분노를 낳게 한다. 이 대리에게 잠재된 분노는 가끔 술자리에서 폭탄처럼 폭발한다. 결국 이 대리는 회사에 사표를 던지고 만다.

성공적인 커리어의 추구 또는 일자리를 보존하려는 노력은 그 자체로 이미 경쟁을 내포한다. 나 말고도 그 자리를 노리는 사람이 많기 때문이다. 그래서 오늘날과 같은 고실업 시대에는 일자리야말로 모든 수단을 써서 지켜야 하는 중요한 것이다. 그래서 경쟁은 더욱 심화된다.

하지만 경쟁은 긍정적인 면이 있다. 그래서 "경쟁은 일에 활기를 준다"라는 격언이 생겨났다. 사람은 본래부터 남보다 나아지기 위해 부단히 노력한다. 이는 개인뿐만 아니라 기업과 같은 집단도 마찬가지다. 기업은 더 많은 고객을, 그리고 보다 나은 시장지위를 차지하기 위해 노력한다. 그래서 동일한 상품을 공급하는 기업들은 서로 적이 되고 만다. 남보다 더 나은 무엇인가를 가지고 있지 않으면 기업이든 개인이든 자연히 도태된다.

또한 경쟁은 인간의 삶의 본질적인 구성요소라 할 수 있다. 어찌 보면 인생이란 생존의 기회와 자원을 차지하기 위한 분투라고 말할 수 있다. 그런 분투가 존재하지 않는다면 인간의 삶은 나태해지고 권태로움에 사로잡히게 될 것이다. 또한 경쟁은 사회의 생산성을 높이는 계기가 된다. 개인과 기업, 그리고 국가는 상대방과의 경쟁을 통해서 발전한다. 그런 의미에서 경쟁은 발전의 원동력이다.

서로 동일한 기회를 갖는 경쟁을 할 경우, 경쟁적인 개체들끼리의 힘겨루기는 정당화된다. 그리고 이런 싸움이 무질서한 전쟁으로 변질되는 것을 막기 위한 규칙들이 존재한다. 그런 규칙들이 제대로 작동할 경우 개인과 기업은 공정한 경쟁을 할 수 있게 된다. 규칙을 잘 지키는 공정한 경쟁은 또한 사회발전의 원동력이 된다.

그러나 현실에 있어서는 많은 개인이나 기업들이 공정한 경쟁을 거부하고 부정한 수단을 동원하기가 쉬우며 그것을 막기란 쉬운 일이 아니다. 공정한 경쟁의 기준점을 넘어서게 되면 자신의 이익을 위해 상대편에게 의도적으로 피해를 입히는 결과를 낳는다. 그것은 넘어서서는 안되는 경계선을 넘어선 것이라 할 수 있다. 그런 관계에서 경쟁자들은 서로 험담, 비방, 중상모략 등과 같은 부정한 수단을 동원함으로써 상대방에게 상처를 입히기 쉽다.

문제는 그런 경쟁 관계를 개인이 어떻게 받아들이느냐 하는 데 있다. 어떤 사람은 경쟁을 위협적으로 받아들임으로써 자신이 추구하는 목표를 서둘러 포기한다. 반면에 어떤 사람은 그런 위협에 대해 공격성을 드러내기도 한다. 전자는 대개 열등감을 갖고 있는 사람에게서, 후자는 과대망상을 갖고 있는 사람에게서 나타나는 현상이다. 그러나 이들 모두 불안정한 자존감에 바탕을 두고 있기 때문에 그런 현상이 나타난다.

열등감을 가진 사람들은 대개 실패에 대한 불안을 표현한다. "상대가 나보다 뛰어나면 어떻게 하지? 나는 저 사람을 능가하지 못할 거야" "저 사람과 경쟁하면 나는 힘과 위신을 잃게 될 거야" 반면에 과대망상적인 행동을 하는 사람들은 상대방보다 자신을 과대평가하는 경향이 있다. "나는 당신보다 더 잘할 수 있어" "내가 더 세다는 걸 저 녀석에게 보여주자"

사람들은 실패에 대한 불안을 느낄 때, 경쟁자를 능가하기 위해 죽을 힘을 다해 노력한다. 또한 자신의 자존감을 높이기 위해 매번 더 나아져야 하고, 남이 자기보다 더 낫다는 걸 알게 되면 불안해하며, 노력의 강도를 더 높이게 된다. 그래서 그런 사람들은 "내가 이기나 네가 이기나 해보자"라는 마음을 먹는다.

그들이 믿는 건 승자독식 사회다. 소수의 사람이나 소수의 기업이 사회적 재화의 거의 전부를 차지할 수 있다고 생각한다. 그래서 그들은 "네가 이러이러한 훌륭한 점을 가지고 있는 것처럼, 나는 저러저러한 훌륭한 점을 가지고 있어" 라는 공존적 사고를 하기가 어렵다. 그들은 늘 마음이 상하기 쉬우며 분노의 질주를 하게 된다.

그런데 자연 속에서 우리는 공존의 지혜를 발견한다. 악어와 악어새는 그런 공존의 사례를 잘 말해 준다. 악어새가 이빨 사이에 낀 이물질을 청소하는 동안 악어는 자신의 입을 벌리고 있다. 만약 악어가 배가 고파서 자신의 이빨을 청소하는 악어새를 잡아먹었다고 하자. 그렇게 되면 악어새는 다시 악어를 찾아오지 않게 될 것이고 악어는 자신의 이빨을 깨끗이 청소할 기회를 잃어버리게 될 것이다. 그들은 진화의 역사 속에서 오랫동안 살아남을 수 있는 지혜를 터득한 것이다. 공존과 상생의 지혜가 그것이다.

인간은 상당히 모순된 동물이다. 때로 아름답고 선한 일을 하기도 하지만, 동물 세계에서 거의 유일하게 대규모의 전쟁을 일으켜 대량 학살을 감행하기도 한다. 자연으로 돌아가 보자. 늑대들은 자기들끼리 서로 으르렁거리며 싸우지만 상대를 적당히 위협하는 수준이지 죽음으로까지 몰고 가는 경우는 거의 없다. 인간이나 몇몇 동물을 제외하고는 이렇게 극단적인 행동을 하지 않는다.

동물들의 이런 절제된 듯한 행동은 그들이 속해 있는 종을 보존하기 위한 것이라고 한다. 종족 번식 또는 종의 보존을 위한 행동이라는 것이다. 생물계는 따로 존재하는 것이 없다. 서로 더불어 얽혀 산다. 말 그대로 상생하며 공생한다. 이렇듯 공생(symbiosis)이란 '서로 다른 종의 생물이 생리적 · 행동적으로 이익을 주고받으며 살아가는 관계'다.

이미 아리스토텔레스가 지적한 바와 같이 인간은 혼자서 살아가기 어려운 존재다. 조금 불편한 점이 있기는 하겠지만 누군가와 함께 있는 것이 살아가는 데 도움이 된다.[43] 인간에게 가장 무서운 적은 고립감일 것이다. 타인의 존재 없이 나는 존재할 수 없다. 그렇다면, 타인의 존재를 부정하는 것은 곧 나의 존재를 부정하는 것이 아닐까? 타인이 잘 존재해야 나도 잘 존재할 수 있는 것은 아닐까?

3) 일과 행복

a. 즐거운 일

화가인 김노인은 은퇴 후 서울 생활을 접고 바닷가 고향으로 내려왔다.

---

43) 아리스토텔레스 지음, 천병희 옮김, 『정치학』 1235a2f. "인간은 천성적으로 정치적(사회적) 동물이다."

그는 매일 같이 저녁 6시가 되면 바닷가에 나타난다.

벙거지를 비스듬히 눌러 쓰고 있으며, 옷은 낡아 보인다.

그의 손에는 수레가 들려 있고 그 수레 속에는 온갖 물감들이 담겨 있다.

바다 저편은 붉은 물감을 들인 것처럼 아름다워 보인다.

김노인은 물감을 하나 하나 꺼낸다.

그리고 삼각 받침대 위에 놓인 도화지에 붓질을 하기 시작한다.

김노인은 그림을 그릴 때가 가장 행복하다. 그때 가장 큰 즐거움을 느낀다. 그에게 붓질의 터치는 쾌감 그 자체다. 그런 쾌감은 그가 살아가게 하는 원동력이다. 그는 가난하지만 그림을 팔기 위해 그리지 않는다. 그림을 팔아서 돈을 버는 것은 중요하지 않다. 그에게는 단지 그림을 그리는 행위 자체가 주는 즐거움이 중요하다.

김노인이 그림을 그리는 일은 그에게는 삶의 목적 그 자체다. 그는 어려서 화가가 되기를 꿈꾸었지만 생활 형편상 직장을 잡고 무역업에 종사할 수밖에 없었다. 무역업에 종사하는 동안 그는 안정적인 생활을 할 수 있었지만, 무언가 가슴 한구석에 채워지지 않는 헛헛함이 있었다.

그는 무역업에 종사할 때에도 열심히 일을 했으며 탁월한 성과를 냈다. 특히 그는 바이어 발굴 마케팅에서 탁월한 능력을 가지고 있었다. 회사에서 그는 승승장구했다. 어느덧 부장이 되고 임원이 되었다. 그래서 경제적으로 안정된 삶을 살았고 자녀들도 훌륭하게 자랐다. 하지만 그런 것이 자신의 삶에 진정한 만족감을 가져다주지 못했다.

그는 늘 그림을 그리는 자신의 모습을 가슴 한구석에 간직하고 있었다. 그런 모습을 상상할 때 자신이 살아 있음을 느꼈고, 그것이 자신의 본래 모습이라고 생각했다. 그렇다면 그는 왜 자신이 지금까지 해왔던 무역업에 만족하지 못하고 그림을 그리는 일에서 즐거움을 찾는 것일까?

우선, 김노인은 화가가 되는 것이 자신의 타고난 소질을 드러내는 것이라고 생각할 수 있다. 그것은 곧 그의 잠재적 능력을 나타내는 것이며 삶의 목적을 실현하는 것이라고 말할 수 있다. 그것은 도토리 열매가 자라서 상수리 나무가 되는 것과 같다.[44] 그와 같이, 김노인이 최고의 화가가 되는 것은 그의 삶의 목적을 실현하는 것이며, 그것이 곧 행복의 한 요소가 될 수 있다.

둘째, 김노인이 그림 그리기를 좋아하는 것은 하나의 성향, 또는 경향성이라고 말할 수 있다. 성향은 어떤 것을 의도하고 지향하는 힘으로 어떤 목적을 향해 나아가도록 한다. 예를 들면, 진리를 탐구하려는 성향, 예술 작품을 창조하려는 성향 등이 여기에 속한다.

그런데 이런 성향은 쾌락의 경험을 통해서 나타난다. 지금 내가 짬뽕을 먹는 것을 좋아한다면 그것은 과거에 먹었던 짬뽕 맛의 쾌락이 만들어낸 것이다. 마찬가지로 김노인이 그림 그리기를 좋아하는 것은 언젠가 그가 그린 그림이 큰 상을 받았거나, 칭찬을 받은 경험에서 비롯된 것일 수 있다.

그러나 반복적 행동이 성향을 만들어내는 것은 아니다. 반복적인 습관은 '필요'를 만들어 내기는 하지만 성향을 만들어 내는 것은 아니다.[45] 예를 들어, 처음에 술을 마시거나 담배를 피우는 것은 즐겁지

44) Frederick Copleston, *A History of Philosophy* Vol 1., Westminster, Maryland, The Newman Press, 1960, p.306.

않으나, 그것이 습관화되면 술과 담배를 필요로 하게 된다. 그러나 그런 습관이 성향을 만들어 내는 것은 아니다.

그러나 습관은 성향을 어떤 대상에 고정시킨다. 즉 습관은 나의 성향을 만족시키는 어떤 것에 나를 고정시킨다. 담배 피우는 습관은 나의 성향을 담배에 고정시킨다.

하지만 그런 습관은 행위를 자동적으로 쉽게 실천하게 하지만, '성향'의 힘을 변화시키는 것은 아니다. 김노인이 무역업에 종사한 것은 매일 습관적으로 이루어졌다. 그러나 그런 업무 습관이 그의 그림 그리는 성향을 변화시킨 것은 아니다.

셋째, 김노인은 그림을 그릴 때 쾌락의 감정을 경험한다. 그런 경험은 김노인에게 기쁨과 즐거움이라는 긍정적 감정을 갖게 한다. 그러나 김노인이 무역업에 종사할 때는 그런 긍정적 감정을 거의 느껴보지 못했다. 업무 실적을 올려야 하는 중압감, 사람들을 만나는 데서 오는 스트레스 등 부정적 감정을 경험하는 경우가 많았다.

그러나 이제 김노인은 그림을 그릴 때 희열, 성취감, 뿌듯함, 자신감과 같은 긍정적 감정을 경험하며, 그런 쾌감은 그에게 생존의 이유가 된다. 죽지 않고 살아가게 하는… 그리고 그는 그런 감정을 계속 경험하고 싶어한다.[46] 그것은 그를 저녁 6시가 되면 화구를 들고 바닷가에 나오게 하는 원동력이 된다. 그림을 그릴 때의 짜릿함, 쾌감…

그러나 그런 쾌감은 그림을 그리고 난 뒤에는 사라져 버린다. 집에 돌아가면 그는 일상의 생활로 되돌아가게 된다. 일상 생활에서 그런

45) 앙드레 베르제즈, 드 니 위스망 공저, 남기영 옮김, 『인간과 세계』-프랑스 고교철학 II, ㈜삼협종합출판부, 2002, pp.97-105.

46) 서은국 지음, 『행복의 기원』, 파주, 21세기북스, pp.79-127.

쾌감은 지속되지 않는다. 식사를 하기 위해서 준비를 해야 하고 식사가 끝나면 설거지를 해야 한다. 그림을 그릴 때 사용했던 화구도 잘 정리해 두어야 한다. 그런 일들은 지루한 것일 수 있다.

하지만 그는 다음 날 그림을 그릴 것을 생각하며 행복한 마음으로 잠자리에 든다. 그가 행복할 수 있는 것은 다음 날, 그리고 그 다음 날, 하루도 빠짐없이 그림을 그릴 수 있기 때문이다. 그에게 그림을 그리는 일은 삶을 행복하게 하는 기폭제다.

b. 의미 있는 일

김복지씨는 중증지체장애인을 돌보는 사회복지사다.

그는 사회복지시설에서 그와 비슷한 또래의 중증장애인을 돌보고 있다.

그 장애인은 정신지체1급으로 이동과 옷입기, 밥먹기, 대소변 처리 등 혼자서 할 수 있는 것이 거의 없다. 김복지씨는 그가 대변을 보면 그것을 처리하고, 그에게 밥을 먹이는 일들을 도맡아 하고 있다.

김복지씨가 사회복지사 직업을 갖고 일을 하는 이유는 크게 세 가지로 나누어 볼 수 있다. 첫째는 금전적 이유 때문이다. 김복지씨는 사회복지사 활동의 댓가로 금전적 소득을 얻게 되며, 생계를 유지하고 경제적으로 안정된 삶을 유지할 수 있게 된다. 그런 금전적 소득을 얻기 위해서 김복지씨는 중증장애인을 위해 어려운 일을 마다하지 않는다.

둘째, 김복지씨는 그런 어려운 일을 마다하지 않고 함으로써 경력을 쌓을 수 있다. 그리고 그런 경력이 쌓이게 되면 결국 사회복지기관의 장이 될 수도 있을 것이다. 김복지씨는 그런 목적을 위해서 어려운 일을 할 수도 있다.

셋째, 김복지씨가 그런 일을 하는 것은 어떤 소명의식에서 비롯된 것일 수도 있다. 그가 그런 어려운 일을 마다하지 않고 묵묵히 하는 것은 그것을 자신의 소명으로 여기기 때문이다. 그가 그런 일을 하는 것은 단지 금전적 소득을 얻기 위해서나, 사회복지기관의 장이 되기 위해서가 아니다. 그는 그 일을 자신의 삶의 소명으로 받아들일 수 있다.

김복지씨는 자신이 그런 직업적인 일을 하도록 신의 부르심을 받았다고 생각한다. 그래서 그 일을 자신의 소명으로 받아들인다. 그 일은 자신이 선택한 것이라기보다 신에 의해서 부여된 운명으로 받아들인다. 이제 그에게 부여된 일은 신의 목적을 실현하는 것이며, 신이 부여한 사명을 실현하는 것이다.

신의 관점에서 보면, 그에게 맡겨진 일은 세계가 전체적으로 조화롭게 운행되기 위해서 필요한 것일 수 있다. 그리고 인간 사회의 관점에서 보면, 그에게 맡겨진 일은 사회 전체가 조화롭게 돌아가기 위해서 필요한 것일 수 있다. 그는 신이 운행하는 세계 속에 존재하는 개인으로서, 그리고 인간 사회 속에 존재하는 개인으로서 그에게 맡겨진 일을 소명으로 받아들인 것이라 할 수 있다.

이제 그가 하는 일은 개인의 삶을 유지하기 위한 수단으로만 생각할 수 없다. 그가 하는 일은 조화로운 신의 세계에서, 그리고 자신이 속한 사회에서, 그에게 맡겨진 소명이자 사명이 된다. 그리고 그가 하는 일은 그의 삶의 이유가 되고, 삶을 의미 있게 만든다.

인간은 일을 로봇이나 기계처럼 하지 않는다. 인간에게 일은 고통이 수반되는 노동이자 다른 사람을 위해서 가치 있는 무언가를 창조하고 제공하는 행위다.[47] 인간은 일을 통해서 자신의 존재의 의미를 확인하고, 사회에서 자신이 필요한 존재라는 느낌을 받고 싶어 한다.

인간은 일을 통해서 사회적 존재로서의 삶을 영위하며, 공동체 속에서 자신의 삶의 의미를 향유해 나간다. 그래서 일은 내가 남들에게 어떤 사람으로 비칠지를 결정하는 틀이 된다. 또한 자기정체성을 규정하는 도구가 된다.

인간은 일을 통해서 나 밖의 현실 세계와 연결된다. 그리고 나의 생각과 비전이 현실 세계에 적용될 수 있는지를 판단할 수 있다. 인간은 자신의 생각을 일에 반영하며, 원하는 결과를 만들어낼 때 자부심을 갖게 되고 삶의 의미를 느끼게 된다.

그러므로 인간이 "의미 있는 일"을 하는 것은 중요하다. 의미 있는 일은 개인이 일에 부여하는 중요성의 정도를 말한다. 그런데 어떤 일의 중요성을 알고, 그 일에 대해 느끼는 의미의 정도는 개인에 따라 다를 수 있다.

개인에게 의미 있는 일에는 다음과 같은 3가지 차원이 제시된다. (a) 개인의 활동과 관련된 주관적인 의미 경험, (b) 개인의 일의 의미와 삶의 의미의 연결, (c) 다른 사람에게 더 큰 영향을 미칠 수 있는 아이디어를 일에 반영하는 것 등이다.[48]

의미 있는 일은 직장에서 성과, 헌신, 몰입, 직무만족 등 긍정적인 직무 성과의 핵심적인 요소로 부상하고 있다. 그리고 직장에서 의미

47) 김아름, 『일의 의미 만들기 과정에서 나타나는 자기생산(Autopoiesis)활동에 관한 내러티브 탐구』, 한양대학교 교육대학원 석사학위 논문, 2016, pp.11-15.

48) 배윤진, 『한국판 의미 있는 일 척도 타당화(K-CMWS)』, 건국대학교 대학원 석사학위 논문, 2021, p.11-12, 24.

있는 일은 다음과 같은 여섯 가지 요소를 갖는다.

1) 타인과의 일체감 : 나와 직장 동료들이 서로 중요한 것들에 대해 이야기를 나누고 돕는 것
2) 타인을 돕기 : 나와 직장 동료들은 고객들을 진심으로 돕고 있으며, 인간의 복지와 환경을 향상시키는 일에 기여하고 있다고 생각하는 것
3) 잠재력의 표현 : 나는 새로운 아이디어나 개념을 생각해내고 이용하며, 다른 사람들에게서 의미 있는 변화를 이끌어낸다고 생각하는 것
4) 나의 성장과 진정한 내가 되어가기 : 직장에서 나의 옳고 그름에 대한 판단이 인정받고 있으며, 내 모습이 긍정적으로 변해가고 있음을 느끼는 것
5) 영감(靈感) : 나와 동료들이 하는 일이 미래에 희망을 갖게 하며, 미래의 비전을 함께 추구해 나가게 하는 것
6) 나와 타인의 관계에서 균형잡기 : 내가 다른 사람들의 요구와 나 자신의 욕구 사이에서 균형을 잘 잡는 것

c. 몰입하는 일

서울지하철 이용객은 하루 평균 약 7백30만 명이다.
기관사인 칙폭씨는 3분 단위로 새로운 승객을 만난다.
수많은 승객의 안전을 책임지는 것은 단 한 명의 기관사 칙폭씨.
기관사인 칙폭씨가 받고 있는 정신적인 압박감은 다른 직종에 비해서 매우 크다.

칙폭씨와 같은 운전직의 44%가 스트레스 고위험군에 속한다.

그것은 도시철도의 모든 직종 중에서 비율이 가장 높다.

그런 높은 스트레스로 인해 칙폭씨는 자신의 직무에 몰입하기가 어렵다.

이는 기관사인 칙폭씨 개인의 문제가 아니다.

수많은 시민의 안전과도 직결된 사안이다.[49)]

철도 승무원인 칙폭씨는 유동인구가 많은 대도시에서 전동차를 운전한다. 그는 정시 운행은 물론 운행 중 발생하는 돌발 상황에도 늘 대비하여야 한다. 역간 거리가 짧은 도시철도 특성에 따라 매 역마다 전동차의 출발과 정차, 승객의 승하차를 위한 출입문 취급, 안내방송 등을 빈번하게 취급해야 하는 직무를 수행하고 있다.

칙폭씨는 직무특성상 단조로운 지하터널과 협소한 전동차 운전실에서 근무하는 환경적 요인으로 인해 스트레스를 많이 받는다. 또한 승무원의 임의적 판단과 자율성이 제한되어 있으며 관련법과 규정에서 정한대로 직무를 수행해야 한다.

게다가 기관사의 운전수행, 근무시간, 수면부족, 소음과 진동, 테러 및 사고의 공포 등이 칙폭씨에게는 직무스트레스로 다가 온다. 그리고 불규칙한 출근과 식사 시간, 반복적 야간근무에 따른 생활 리듬의 불균형과, 전동차 운전에서 오는 극도의 긴장 상태가 일상화되어 있다. 그런 직무스트레스는 공황장애를 일으키고 우울증이 발생하는 주요 요인이 되기도 한다.

이런 직무스트레스는 칙폭씨의 직무만족을 저해하는 요인이 된다.

---

49) 단대신문, 2017.09.05.

그것은 자신감 상실과 적극적인 태도의 상실로 이어져 고객서비스에 부정적인 영향을 미친다. 이런 칙폭씨의 직무스트레스는 승객 서비스의 질과 안전 운행에 중대한 영향을 미칠 수 있다. 그리고 이런 직무스트레스는 직무몰입에 영향을 미친다.[50]

직무몰입은 직무에 대해 '전념'하거나 '애착'을 갖는 것을 말한다. 또한 얼마나 직무에 애착을 갖고 몰입하는지가 업무 결과에 영향을 미치며 조직과 개인의 성과에도 영향을 미칠 수 있다.

특히 대도시 도시철도에서 많은 시민들의 안전한 수송을 책임져야 하는 칙폭씨의 직무에 대한 애착과 몰입은 중요하다. 칙폭씨가 자기 직무의 중요성을 인식하고 최선을 다해 전념하는 것, 직무에 강한 애착심을 갖고 책임을 다하는 것은 승객의 안전을 위해 중요하다.

최근 도시철도에서 승무원과 관련된 장애의 상당 부분이 집중도가 떨어진 상태에서 직무를 수행하다가 발생하는 인적오류 즉 '확인 소홀'에 있었다. 이는 직무몰입의 중요성을 반증하는 것이라 할 수 있다. 직무몰입은 자신의 직무에 적극적으로 참여하게 하며 자신과 직무를 일치시키도록 한다.

직무몰입은 행동이 물 흐르듯 자연스럽게 이루어지는 느낌을 갖게 한다. 그것은 운동 선수가 말하는 "몰아(沒我)의 상태", 신비주의자가 말하는 "무아지경", 화가와 음악가가 말하는 "미적 황홀경"과 유사하다. 운동선수, 신비주의자, 예술가는 각각 다른 활동을 하면서 몰입상태에 도달하지만, 그들이 경험하는 순간에 대한 묘사는 놀라울 만큼 비슷하다.[51]

---

50) 신영길, 『도시철도 승무원의 직무효능감과 직무스트레스가 직무몰입에 미치는 영향 연구』, 서울과학기술대학교 철도전문대학원 석사학위 논문, 2021, p.29.

우리는 명확한 목표가 있고 적절한 대응을 요구하는 일에 몰입할 가능성이 높다. 예를 들어 바둑이나 장기, 탁구, 고스톱과 같은 게임을 할 때 몰입하기 쉬운 이유는 목표와 규칙이 명확하게 설정되어 있기 때문이다. 직무 몰입은 일상생활과 달라서 명확하고 모순되지 않은 목표에 초점을 맞출 수 있게 해준다.

직무 몰입은 쉽지는 않지만 그렇다고 아주 버겁지도 않은 과제를 수행하는 사람이 자신의 능력을 최대한 쏟아부을 때 일어난다. 사람들은 과제가 너무 버거우면 불안과 두려움을 느끼며 결국 포기하게 된다. 반면에 과제와 능력 수준이 너무 낮으면 흥미를 잃게 된다.

그러나 쉽지 않은 과제와 높은 수준의 개인 능력과 결합하면 직무에 대한 참여와 몰입이 이루어진다. 예를 들면, 외과 의사가 순발력 있는 대응을 요구하는 수술이나 새로운 기법을 도입한 수술을 해야 할 때 그런 직무 몰입을 경험한다.[52] 마찬가지로 칙폭씨가 자기 직무의 중요성을 인식하고 최선을 다해 전념하는 것, 업무에 강한 애착심을 갖고 책임을 다하는 것은 그런 직무 몰입을 경험하게 한다.

우리는 목표가 명확하고 행동 결과가 바로 나타나며, 과제와 능력이 균형을 이루게 되면 정신을 집중하게 된다. 몰입은 온전한 정신 집중을 요구하기 때문에 그런 몰입상태에 완전히 몰두하게 된다. 거기에는 잡념이나 불필요한 감정이 끼어들 여지가 거의 없다. 자기의식은 사라지며, 한 시간이 일분처럼 금방 흘러간다.

---

51) 미하이 칙센트미하이 지음, 이희재 옮김, 『몰입의 즐거움』, 서울, 해냄출판사, 2002, p.45.

52) 상게서, p.46.

우리는 일 자체를 즐기고 경험하는 것을 목적으로 삼는 내재적 목적성을 가질 때 직무에 몰입을 할 수 있다. 예를 들면 칙폭씨가 자신의 일을 그 자체로 즐길 수 있다면 내재적 목적성을 갖는다고 할 수 있다. 그러나 돈을 더 벌려는 목적에서, 또는 승진하기 위한 목적에서 직무에 임하게 되는 경우는 외재적 목적성을 갖는다.

외부의 다른 목적을 달성하려는 의도보다 일 자체를 즐기는 사람이 몰입을 더 잘 할 수 있다. 내재적 목적성을 갖는 사람은 자기가 하는 일 자체가 중요하고 의미가 있다고 생각한다. 그리고 그에게는 중요하고 의미 있다고 생각하는 일을 하는 것 자체가 이미 보상이 된다.[53]

그래서 물질적 보상, 권력, 명예와 같은 외적 보상을 추구하는 것은 그에게 부차적인 것이 된다. 그는 일 자체를 추구하고 일 자체에서 보상을 얻는다. 그는 자신에게 주어진 일에 집중하고 사심 없이 문제를 해결하며 외적 이해관계에서 벗어나 있다.

내재적 목적성과 몰입을 경험하는 사람은 일에 깊이 빠져들게 되며 행복감을 느끼게 된다. 그러나 그런 행복감은 일하는 동안에 느끼는 것이 아니라 일이 끝난 뒤에 느낀다. 칙폭씨가 자신의 일에 몰입해 있을 때는 정작 그런 행복감을 느끼지 못한다. 그는 일이 마무리된 뒤에야 비로소 자신의 일을 돌아보게 되고 그가 몰입해서 한 일이 정말 값진 것이었다는 것을 알게 된다.

그런 행복감은 아침에 따사로운 햇살을 받아서 느끼는 행복감과는 다르다. 따사로운 햇살을 받아서 느끼는 행복감은 외부 상황에의 의존도가 높다. 그 햇살이 사라지면 행복감을 느낄 수 없기 때문이다. 그

53) 상게서, pp.156-157.

러나 직무에 몰입 뒤에 느끼는 행복감은 자기 자신의 힘으로 만든 것이어서 외부 상황이 변하더라도 쉽게 사라지지 않는다. 그런 행복감은 자신의 의식을 고양시키고 성숙시킨다.

PART

2

일의 변천과 장인정신

일과 행복

3

일은 어떻게 변해 왔는가?

1) 고대 농경사회와 일의 태동

a. 원시시대의 수렵과 채집

선사시대는 전통적으로 구석기, 중석기, 신석기로 나누어진다. 그 중 구석기 시대는 다른 두 시대보다 훨씬 더 길다. 그리고 구석기 시대는 플라이스토세(Pleistocene)[1], 또는 홍적세(洪積世)라는 지질학 시대 안에 온전히 포함된다.

플라이스토세는 거의 258만 년 전에 시작되어 기원전 1만 2천 년경에 끝났고, 그 후 홀로세, 또는 충적세(沖積世)가 이어진다. 여기서 홀로세란 "완전히 최근"이라는 뜻으로 이 시기가 바로 우리가 살고 있는 시대다.[2]

그런데 구석기는 다시 기후 조건과 환경에 따라서 초기, 중기, 후기의 세 시기로 구분한다. 그리고 중기 구석기에 일어난 가장 특징적인

1) 플라이스토세(Pleistocene)는 약 258만 년 전부터 1만 2천년 전까지의 지질 시대를 말한다. 홍적세(洪積世), 갱신세(更新世) 또는 속칭 빙하기(Ice Age)라고도 한다. 지구 위에 널리 빙하가 발달하고 매머드, 곧은 상아 코끼리(straight-tusked elephant) 같은 코끼리류가 살았다. 플라이스토세가 끝나는 시기는 고고학에서 구석기 시대의 끝으로 본다.

2) 조르주 루 지음, 김유기 옮김, 『메소포타미아의 역사 1』, 한국문화사, 2013, pp.45-46.

사건은 네안데르탈인의 등장이다. 1858년 독일 뒤셀도르프 근처 네안데르탈의 작은 계곡에 있는 한 동굴에서 사람의 두개골(頭蓋骨)에 해당하는 뼈 몇 점을 발견하였다.

네안데르탈인들은 원시적이고 우둔한 것으로 알려졌으나, 최근 연구에 의하면 그들도 나름대로 진화한 것으로 알려져 있다. 그들의 어떤 주거지는 상당히 구조화되어 있고, 그 구조의 일부는 화로 주변에 형성되어 있다. 이 시기의 유물들 중에는 작은 연장이 많은데, 그것은 돌 파편으로 제작한 것이었다.

중기 구석기가 네안데르탈인과 관련된 것이라면, 후기 구석기는 현생 인류와 관련된다. 후기 구석기인들은 거의 방랑하는 사냥꾼이었다. 하지만 야외든 동굴이든 장기간에 걸쳐서 주거지가 집중되어 있었다는 사실을 알 수 있다. 그것은 후기 구석기인들이 특정 지역을 거처로 삼아 살았다는 것을 말한다.

이들 집단이 어느 정도 규모였는지 말하기는 어렵지만, 적어도 메머드나 들소를 추격하여 사냥할 정도의 규모였을 것으로 보인다. 이들의 유물 중에는 화로불에 탄 뼈들이 발견되기도 한다. 또한 식량으로 사용한 것으로 보이는 뼈들을 보면 뼈가 부서져 있다는 것을 알 수 있다. 그들은 뼈에서 골수를 빼내려고 한 것으로 보인다. 또한 그들이 사용한 도구들 중에는 날이 빠진 것이 많다. 그들은 그 도구들을 삼림을 개간하는 작업에 사용했을 것으로 추정된다.[3]

최근까지 선사학자와 인류학자들은 인간의 '인간화' 과정이 수렵과 관련이 있다고 보았다. 그래서 인간이 만든 최초의 도구는 사냥을

3) 김창성 편저, 『세계사 산책』, 솔출판사, 서울, 2003, pp.31-32.

하기 위한 무기라고 보았다. 그런데 1981년 미국의 인류학자 태너(N. Tanner)는 인간의 인간화 과정에 기여한 것은 수렵이 아니라 채집이었다고 주장한다. 그는 수렵인인 남성이 아니라 채집인인 여성이 더 인간의 인간화를 촉진하였다고 본다. 도구를 정규적으로 이용한 최초의 인류는 어린아이를 거느린 여성이었기 때문이다.[4)]

아프리카 사바나 지역에서 여성들은 막대기를 이용하여 덩굴 줄기류를 파냈으며, 곤충을 잡고, 과일이나 알을 바구니에 담았다. 또한 이들은 다른 영장류인 침팬지와 달리 채집한 식량을 그 자리에서 다 소모하는 것이 아니라, 다른 동물들로부터 안전하게 지킬 수 있는 곳으로 옮겼다.

뾰족한 막대기와 그릇은 여성에게 필요한 도구였다. 이와 같이 여성들은 식물을 채집하고 작은 동물이나 연체동물을 잡았다. 이런 사실들은 인간사회 발전에 있어서 여성의 역할을 주목하여 보게 한다.

19세기 말에 이르러 고고학자들은 다음과 같은 가설을 당연하게 받아들이게 되었다. 여성은 식물을 채집하고 작은 동물이나 연체동물을 잡은 반면, 남성은 메머드나 들소 같은 큰 사냥감을 잡았다는 것이다.

러시아의 게라시모프(Gerasimov)는 시베리아의 말타(Malta)에서 발견한 후기 구석기 주거지를 두 군데 조사하였는데, 거기에서 남성과 여성이 사용한 도구가 구별되어 나타났다. 한 구역에서는 칼, 단검, 새 조각상 등 남성적인 유물이, 다른 구역에서는 바늘, 작은 칼, 목걸이, 여성상 등 여성적인 유물이 발견되었다.

하지만 이런 유물들로 인해 남성과 여성의 역할 분담을 가늠하기는

---

4) 김창성 편저, 상게서, pp.34-36.

어렵다고 보는 견해도 있다. 그 시대의 유물들을 더 분석해 보면, 목걸이 같은 장식은 남성이나 어린이가 더 많이 착용한 것으로 나타나고, 도구나 무기류는 남녀 간에 차이가 없을 정도로 묻혀 있음을 알 수 있다.

1879년 알타미라 동굴의 천장 벽화가 발견되었다. 이 벽화들 가운데 동굴 깊은 곳에 있는 벽화가 더 잘 보존되어 있는데, 그것은 동굴 입구에서 수십 미터 떨어진 곳이었다. 이곳은 완전히 어두운 장소이므로 반드시 조명이 필요했다. 그래서 그런 벽화에서는 일종의 등잔을 발견할 수 있었다. 그들은 둥그렇게 파인 자연석 등잔이나, 인위적으로 판 등잔에 동물성 지방을 태워서 빛을 밝혔다.

벽화의 그림은 대개 상징적으로 표현되어 있었다. 그림의 주제는 대개 들소, 말, 사슴, 염소, 매머드 등 초식성 동물이었다. 그림에서 사자, 곰, 악어 같은 맹금류와 곤충은 잘 발견되지 않았다. 또한 선사시대 인간들은 나름대로 미술적 기교를 완전히 갖추었다고 볼 수 있다.

어떤 동굴에서는 염료를 칠한 손가락 자국이 발견되기도 한다. 그러나 이들은 미술 도구가 발달되지 않았을 뿐이지, 미술 수준을 낮게 봐서는 안된다고 한다. 예들 들면, 에스파냐의 알타미라 동굴 천정화를 보면 우수한 미술적 소질을 엿볼 수 있다.

b. 농경의 도래와 생활

기원전 6000년경 서남아시아 지역에서 신석기 문명이 시작됐다. 이 시대는 인류 역사상 가장 획기적인 변화가 일어난 시기다. 인류는 정착생활에 들어가고, 토기를 제작하며, 농경을 시작하고 가축을 길렀다.

그런데 인류는 왜 농경 생활을 시작하게 되었을까? 남아프리카에서 수렵 생활을 하는 종족의 경우, 단지 6시간의 수렵 활동으로 3일 치의 식량을 마련할 수 있었다고 한다. 하지만 농경은 씨앗을 뿌리기 위해서 많은 노동력이 필요하고, 자칫 병충해를 당하거나 파종이나 수확 시기를 놓칠 경우 막대한 손실을 입을 수 있다. 한마디로 말해서 농경이 가져다주는 이점이 그다지 크지 않은 곳이라면 농경이 발생할 수 없다는 것이다.

농경의 발생 기원과 관련하여 다음 세 가지 가설이 유력하게 제시되고 있다. 환경 변화 가설, 비옥한 초승달 지역 가설, 인구 증가 가설이 그것이다.

첫째, 환경 변화 가설은 빙하가 북쪽으로 이동하고, 서남아시아 지역이 건조해졌으며, 이 과정에서 수렵 생활로부터 농경 생활로의 변화가 일어났다는 것이다. 서남아시아 지역의 기후가 건조해지면서 사람들과 동물들은 자연스럽게 오아시스 주변으로 이동하게 되었다. 이 과정에서 사람들은 동식물의 행태를 관찰하고, 동물들의 행동이나 식물들의 변화 주기의 특성을 파악할 수 있게 되었다.

그런 과정을 거치면서 사람들은 밀과 보리와 같은 작물들을 재배할 수 있게 되었고, 동물을 사육할 수 있게 되었다. 그러나 이러한 환경 변화 가설은 다음과 같은 비판을 받고 있다. 우선 그런 기후변화가 실제로 있었는지가 분명치 않다. 또한 그 기후변화 시기가 최초의 농경과 일치하는지도 불분명하다.

둘째, 비옥한 초승달 지역 가설은 농경이 특정한 핵심 지역에서 일어났다는 것이다. 비옥한 초승달 지역[5)]에서는 과거 1만 2천 년 동안 급격한 기후변화가 없었고, 곡물이나 가축이 야생 상태로 분포하고 있었다. 이 지역은 연간 강수량이 250~500mm로서 이는 관개 농경에 적절하다는 것이다.

비옥한 초승달 지역에서도 농경의 선구 지역으로 꼽힐 가능성이 가장 큰 곳은 북부 이라크의 구릉지대인 쿠르디스탄(Kurdistan)이다. 이 지역에서 여자들이 농경을 처음 시작했다는 설이 있다. 남자들이 근처의 산에서 양이나 염소를 잡으러 다니는 동안, 임시 거처에 남아 있던 여자들이 야생 열매를 거둬들이면서 농경이 시작됐다는 것이다.

이 가설은 신석기에 들어서서 양과 염소가 최초로 가축이 되었다는 사실과 잘 맞아떨어진다. 그렇다면 이 지역에서의 농경은 기원전 8000년경에 시작됐다고 볼 수 있다. 기원전 6000년경 농경은 이미 지중해와 에게해까지 정착되었다.

또한 서유럽과 이집트 등은 이 지역으로부터 농경이 옮겨간 것으로 보인다. 이 지역 사람들은 마제석기를 이용하여 식물을 채취하였으며, 암컷을 보존하는 범위 내에서 동물을 수렵하였다.

셋째, 인구 증가가 농경을 자극한 주요 요인이라고 보는 인구 증가 가설이 있다. 이 가설에 따르면 인구 증가로 인한 압력이 커지면서 식량 공급을 늘려야 했고, 그 필요성 때문에 농경 기술이 발달하고 농경사회가 도래하게 되었다는 것이다.

식량을 채집만 하는 데서 벗어나 인위적으로 농업 생산량을 높였고, 그런 생산량의 증가는 다시 인구를 늘리는 결과를 가져왔다는 것이다. 또한 인구 증가는 다시 압력으로 작용하여 땅을 파는 도구로 쟁기를 이용하고 관개 수로를 정비하게 만들었다는 것이다.[6)]

---

5) 이 지역은 지금의 터어키 남부 지역에 위치하고 있으며 이라크, 시리아, 이스라엘에 걸친 광범위한 곳이다.

신석기 시대에 접어들면서 사람들은 곡물을 재배하고 동물을 사육하기 시작했다. 소를 사육하기 시작한 것은 기원전 6000년 경이다. 농사를 짓기 위한 도구도 상당히 발전했다. 곡식을 베기 위해 사용하는 낫이나 수확 도구가 발달했다.

소가 끄는 쟁기는 기원전 3~4천 년경에 출현했다. 그 시대의 유물 중에는 맷돌이나 절구도 발견되는데 그것은 밀을 갈아 먹는 제분 기술과 관련된다. 사람들은 밀가루로 죽을 끓여 먹기도 하고 빵을 구워 먹기도 했다. 또한 곡물을 발효시켜 맥주 같은 것을 만들어 먹기도 했다.

이제 옷을 만들어 입는 것에서도 변화가 일어났다. 구석기 시대에는 동물을 잡아 가죽을 벗겨서 옷을 만들었다면, 신석기 시대에는 가죽 대신 직물을 사용했다. 마직(삼베)는 기원전 5000년대에 만들었다는 증거가 있다. 모직은 양과 염소를 사육한 것과 관련지어 볼 때 그보다 더 일찍 만들어 입었다고 생각된다. 이런 섬유 제작 기술은 농산물을 수확하기 위해 만든 바구니 제작 기술에서 비롯된 것으로 볼 수 있다.

신석기 시대 사람들은 토기를 만들어 썼다. 토기는 돌로 만든 그릇보다 제작이 용이하다는 장점이 있었다. 또한 토기는 농작물의 보관 등 실용적인 목적도 있었으나 집안을 장식하는 장식물로서도 가치가 있었다. 이런 이유들로 인해 토기는 널리 퍼져 나갔다.

그렇다면 토기 제작의 기원은 어떻게 설명될 수 있을까? 정착 생활이 시작되면서 서남아시아 지역에서는 진흙 벽돌로 지은 집이 출현했다. 이와 같이 진흙을 이용하는 기술이 발달하면서 항아리를 만드는

---

6) 김창성 편저, 전게서, pp.40-42.

데 적용하게 되었다. 그래서 결국 토기를 제작하는 단계에 이르렀다고 짐작할 수 있다. 또한 토기 제작자들은 돌림판을 사용하는 제작 기술을 만들어 내게 되었다.

신석기 시대의 촌락은 10~50명 정도의 단위 가족이 모여 이루어졌으며, 그 촌락의 인구는 대략 50~300명 정도였을 것으로 생각된다. 농업 생산력이 증대되면서 전 시대에 비해 보다 안락한 주거생활을 했을 것이다. 그러나 점점 인구 밀도가 높아지면서 생존의 어려움에 부딪치기도 하고, 전염병이 돌기도 했을 것이다. 그래서 이들의 기대수명은 25세를 넘지 못했을 것으로 보인다.

c. 농업혁명과 노예제도

그리스 신화 『일리아스』[7]에는 전쟁포로에 대한 이야기가 나온다. 부족간 전쟁에서 포로가 생기면 날로, 혹은 구워서 먹었다. 그렇지 않으면 그냥 죽이고 말았다. 그러다가 전쟁포로는 노예가 된다. 전쟁포로를 죽이거나 먹지 않고 노예로 삼기 시작한 것은 일을 시키기 위한 것이었다.

전쟁에서 승자는 일을 시키기 위해서 패자를 노예로 만들었다. 그 때부터 노예는 노동 가치를 갖는 상품이 되었다. 그래서 전쟁이 끝나

7) ≪일리아스≫(고대 그리스어: Ἰλιάς) 또는 일리아드(Iliad)는 현존하는 고대 그리스 문학의 가장 오래된 서사시이다. '일리아스'란 이름은 '일리온의 노래' 라는 뜻이다. 일리온(Ἴλιον)은 트로이 전쟁의 무대인 트로이(현대 튀르키예에 위치한 지명)의 다른 이름이다. 트로이 전쟁은 그리스 로마 신화에 등장하는 신들과 영웅들이 개입한 전쟁이다. 도시국가 트로이와 그리스를 주축으로 한 아카이아 연합군 사이의 치열한 전쟁이다. 일리아스는 오디세이아(Odysseia)와 더불어 고대 그리스와 후대 서양의 문학예술과 문화의 전범(典範)으로 여겨지고 있다. 저자는 호메로스(Ὅμηρος, 기원전 8세기경)라고 알려져 있다.

면 몸값을 낼 수 없는 포로들을 시장에 내다 팔았다. 그리스와 페르시아의 전투가 끝나자 2만여 명의 페르시아인들이 새로 노동시장에 나왔다고 한다.

고대 그리스 사회에서 노예는 시민이 될 수 없었을 뿐만 아니라, 인간이 될 수도 없었다. 법적으로 노예는 소유자의 재물이었고, 팔고, 빌려주고, 물려줄 수도 있었다. 즉, 노예는 소유의 대상이었을 뿐, 무엇을 소유할 수 있는 권리는 없었다. 혹시 팁으로 돈을 몇 푼 받는다 해도 그것은 노예의 것이 아니었다. 주인은 노예에게 그 돈을 쓰게 할 수도 있지만, 그것을 빼앗을 수도 있었다.

하지만 농업은 노예가 그다지 큰 비중을 차지하지 않는 분야였다. 특히 규모가 작고, 생산성도 높지 않은 작은 땅을 경작할 경우에는 여러 명의 노예를 둘 필요가 없었다. 그저 한두 명의 도움을 받으면 그것으로 충분했다. 더구나 전문적인 기술이 필요한 올리브나 포도 농사는 주인들이 직접 지었다. 노예를 사서 쓰면 오히려 수지가 맞지 않는 경우가 많았다.

그러나 건물을 짓는 데는 많은 인력이 필요했다. 그 인력에는 노예뿐만 아니라 일반 시민도 들어간다. 예를 들면 국가가 주도하여 아크로폴리스[8] 같은 신전을 짓는 경우 여러 기능을 가진 기술자들이 필요하였다.

국가는 시민과 노예들을 대상으로 인력을 모집하였다. 이때 시민과 노예는 모두 동원될 수 있었고, 보수도 똑같았다고 한다. 일의 종류에

---

8) 아크로폴리스는 고대 그리스 아테네의 바위 지대에 있는 성채(城砦: 성과 요새)로서, 이 중에는 파르테논 신전이 가장 유명하다. 아크로폴리스라는 단어는 그리스어 단어 ἄκρον (아크론, "아주 높은, 최상의")과 πόλις (폴리스 "도시")에서 온 것이다.

따라 노예도 시민과 똑같은 보수를 받았다. 그런데 주인은 그의 노예의 보수를 챙길 수 있었다. 어떤 경우에는 주인과 노예가 나란히 서서 똑같은 일을 하기도 했다. 하지만 그 노예의 보수는 주인이 가졌다. 주인은 노예를 먹여 주기만 하면 되었다.

작은 공장에서 인력을 동원하는 방법도 신전을 짓는 경우와 거의 똑같았다. 하지만 공장의 규모가 큰 경우에는 사정이 달라진다. 예를 들면, 옷이나 신발, 악기나 침대를 만들거나 무기를 만드는 큰 공장에서는 노예의 노동이 큰 비중을 차지했다.

아테네와 같은 그리스의 도시에서 시민들의 가정에는 보통 남자 하나에 여자 둘의 노예를 둘 정도였다. 드물게는 노예를 20명 정도 두는 집도 있었다. 대개 그리스 가정은 규모가 그렇게 크지는 않지만 늘 땅을 경작해야 했고, 옷을 만들어야 했으며, 매끼의 음식을 장만해야 했다.

그런데 그 일들은 대부분 노예들의 몫이었다. 노예들은 집안에서 생계를 위해 할 일들을 했다. 특히 여자 노예들은 곡식을 빻고 가는 일을 했으며, 빵 굽는 일, 음식 만드는 일, 실 잣는 일, 옷 짜는 일도 전부 그들의 몫이었다. 특히 그들은 실을 잣고, 옷감을 짜고, 물을 들이는 동안 여주인의 감시를 받았다.[9)]

한편 그리스의 희극이나 비극을 보면, 노예들 가운데에는 집안에서 중요한 일을 하는 이들도 있었다. 그들 가운데에는 집안에서 유모나 가정교사의 역할을 하는 노예들도 있었다. 유모는 주인집 아이들에게 예절을 가르치기도 하였다. 가정교사의 역할을 하는 노예는 아이들을

9) 앙드레 보나르 지음, 김희균 옮김, 『그리스인 이야기』, 서울, 책과함께, 2011, pp.207-225.

가르치는 것이 아니라, 학교에 데려다주고 데려오는 일을 하였다.

그런데 당시 그리스 사람들은 대개 노예제도를 문제 삼지 않았다. 그 당시의 위대한 철학자들, 특히 플라톤과 아리스토텔레스도 노예제도를 옹호한 사람들이다. 아리스토텔레스는 특히 노예의 필요성을 역설하였다.

그는 시민들이 건강하게 살기 위해서는 일상생활에 필요한 물건을 생산하는 노예가 필요하다고 말했다. 노예는 시민사회의 필수품이며, 심지어 인간들 중 일부를 노예로 만드는 것이 반드시 필요하다고 생각하였다. 또한 그는 천성적으로 노예 기질을 타고난 사람이 있으며, 그런 사람들을 골라내는 것이 곧 전쟁이라고 말했다.

그런데 노예제도에 대해서 처음으로 반기를 든 사람은 비극작가 중 한 사람인 에우리피데스[10)]다. 그는 노예는 천한 사람이고 시민은 그보다 더 나은 사람이라는 사실을 부인하였다. 그는 "많은 노예들은 노예라는 불명예스러운 이름을 달고 살지만, 영혼만큼은 시민들보다도 더 자유롭다"라고 썼다.

또한 기원전 5세기, 소피스트 중 한 사람인 고르기아스[11)]의 제자 알키다마스[12)]는 노예제도에 대해 다음과 같은 혁명적인 말을 했다.

---

10) 에우리피데스(Euripides, 기원전 약 480년~ 기원전 406년): 고대 아테네에서 활동한, 아이스킬로스, 소포클레스와 더불어 가장 뛰어나다고 평가받는 비극 시인이다. 오늘날 그가 쓴 18편의 비극이 남아 있다. 합리적인 예지(叡智: 지혜롭고 밝은 마음)와 자유주의적 · 인도주의적 사상을 내포한 그의 극(劇)은 근세 유럽 비극 문학에 큰 영향을 주었다.

11) 고르기아스(고대 그리스어: *Γοργίας*, 기원전 485년~385년경)는 시칠리아 출신, 고대 그리스의 소피스트이자 철학자이다.

12) 고르기아스(Gorgias)의 제자인 알키다마스(Alkidamas)는 당시 그리스 사회의 경제적 토대였던 노예제도에 이의를 제기한다. 그는 "신은 모든 인간을 자유롭게 놓아두었다."고 주장한다.

"신은 우리를 모두 자유롭게 만들었다. 자연은 노예를 만들지 않는다."

베르디(Verdi)의 오페라 나부코(Nabucco) 3막에서 "히브리 노예들의 합창"은 다음과 같이 노래한다.

> 날아라 생각이여 금빛 날개를 달고
> 비탈과 언덕에서 날개를 접어라
> 그곳은 부드럽고 온화한 공기
> 조국의 공기가 향긋한 곳 맞이하라
>
> 요르단 강둑과 무너진 탑
> 오, 내 조국, 빼앗긴 내 조국
> 오, 가슴속에 사무치네[13)]

2) 중세 종교와 일의 의미

a. 종교의 역할과 중세의 노동관

서양에서 기독교의 조직은 도시를 중심으로 이루어졌고, 주요 도시마다 주교(bishop)가 한 명씩 있었다. 그 주교는 도시 인근의 사제에 대해서 권위를 갖게 되었다. 그러다가 기독교가 로마의 국교로 정해지면서 교회의 영향력이 커졌고, 그 결과 대도시에 근거를 둔 주교들은 "대주교"(archbishop)라 불리게 되었다.

대주교는 그 관구 내의 모든 성직자들에 대해 권위를 갖게 되었다. AD 4세기에는 가장 큰 규모의 기독교 공동체들인 로마, 예루살렘, 안

13) k-bridge.org/39, 2010. 6. 27.

티오크, 알렉산드리아 등의 도시에 "총대주교"가 있었다. AD 약 400년 경에 이르러 기독교의 성직자들은 총대주교, 대주교, 주교, 사제 등으로 이루어진 계급과 서열을 갖추게 되었다.

결국 4세기에는 교회조직의 성장을 통해 로마 세계를 정복할 수 있었다. 특히 교회 행정조직은 서유럽에서 큰 영향력을 갖게 되었다. 서로마 제국은 5세기 말(정확하게는 476년) 이미 멸망했다. 로마는 콘스탄티누스 대제 때 이미 그 행정조직을 동로마의 콘스탄티노플로 옮겨 버렸다.

한편 서유럽의 도시들은 행정 업무에 숙달된 주교들이 행정을 담당했다. 그래서 서유럽의 교회는 정부의 많은 기능을 담당했으며, 혼돈 속에서 질서를 유지하는 데 기여했다. 그러나 교회가 세속의 행정을 담당하면서 교회는 더욱 세속화되었다. 또한 기독교는 4세기를 거치는 동안 사제들은 점점 세속적 관심사에 빠져들게 되었다. 영적인 면에서도 예수의 제자들이 가졌던 소박하고 순수한 신앙으로부터 멀어져 갔다.

이러한 교회의 세속화 경향에 대한 반작용으로 나타난 것이 수도 생활이다. 초기에 수도 생활을 한 사람들은 사제가 아니라 평신도였다. 그들은 세속적 유혹을 피하고자 사제나 주교들 사이에서 잊혀지고 있었던 금욕주의를 실천하였다. 그들은 세속을 피하고자 사막과 숲으로 들어갔다. 교회가 현실의 실질적인 필요에 부응하여 타협하고 있는 동안, 수도사들은 금욕적 극단주의에 빠지고 있었다.

수도 생활은 동로마에서 처음 등장했다. 콘스탄티누스 대제의 기독교 개종 이후 약 100년 동안 수도 생활이 열병처럼 유행했다. 특히 이집트와 시리아의 은둔 수도사들은 비인간적이고 고통스러운 고행을 경쟁적으로 추구했다. 어떤 사람들은 소처럼 풀을 뜯어 먹으며 살았고, 어떤 사람들은 목에 무거운 물건을 매단 채 생활하기도 했다. 키리아쿠스라는 수도사는 도저히 견딜 수 없을 때까지 두루미처럼 한 발로만 서 있었다고 한다.[14)]

이제 수도사들은 공동생활과 고행의 완화를 통해 수도 생활을 좀 더 지속적으로 할 수 있음을 깨닫게 되었다. 성 바실리우스(330?~379)[15)]는 동방에서 공동 수도 생활을 창시했다. 그는 장기간의 금식이나 육체적 자학 등 극단적인 고행을 하기보다 유익한 노동을 통해서 스스로를 단련할 것을 권했다.

또한 청빈과 겸손의 의무를 이행하고 침묵 속에서 종교적 명상을 할 것을 권했다. 성 바실리우스의 수도 생활 이념이 수용되면서 동방 수도 생활은 더욱 잘 조직되어 갔다. 하지만 그 이념을 수용한 수도사들은 가능한 한 세상으로부터 멀리 떨어져 살려는 경향이 있었다.

6세기에 성 베네딕트(St. Benedict, 480?~547?)[16)]는 라틴 수도 계율을 작성하였다. 그가 작성한 계율은 상당 부분 기존의 라틴 문헌에서 따온 것인데, 결국 서유럽의 거의 모든 수도사들의 지침이 되었다. 성 베네딕트의 계율은 청빈, 복종, 노동, 종교적 헌신 등을 강조한 점에서

---

14) E.M.번즈, R.러너, S.미첨지음, 박상익 옮김, 『서양 문명의 역사, 상』, 소나무, 2011, pp.261-264.

15) 성 바실리우스(Sanctus Basilius Magnus, 330?~379) : 오늘날 튀르키예에 속한 지역인 로마 제국의 소아시아 카파도키아의 카이사레아 마자카(오늘날 튀르키예의 카이세리)의 그리스인 기독교 주교다. 그는 공동체 생활과 전례력에 따른 기도, 고된 노동에 관한 지침을 마련하였다.

16) 성 베네딕트(Sanctus Benedictus, 480?~547?) : 베네딕토는 이탈리아 수비아코에 열두 개의 수도 공동체를 세웠으며, 나중에 이탈리아 남부에 있는 몬테카시노 산으로 자리를 옮겼다. 그가 세운 몬테카시노 대수도원은 서방 수도원의 발생지가 되었으며, 오늘에 이르기까지 베네딕도회의 총본부가 되고 있다.

성 바실리우스의 계율과 비슷했다.

수도사들은 검소한 식사와 의복을 충분히 공급받았고 잠도 충분히 잘 수 있었다. 심지어 약간의 포도주를 마시는 것도 허용되었다. 베네딕트는 수도원장이 수도사들에게 두려움의 대상이 되어서는 안되고, 애정의 대상이 되어야 한다고 권면했다. 또한 수도원장은 중요한 결정을 내려야 할 경우, 수도사들에게 자문을 구하라고 말했다.

성 베네딕트 교단은 선교 사업을 통해 잉글랜드와 독일의 개종에 결정적인 역할을 했다. 그들의 활동은 신앙을 보급하는 일 뿐만 아니라 서유럽의 문화적 동질감을 형성하는데 큰 역할을 했다. 특히 베네딕트 수도사들의 노동에 대한 태도는 서유럽에 또 다른 기여를 했다.

성 베네딕트는 수도사들에게 항상 바쁘게 일할 것을 권했다. 그는 "게으름은 영혼의 적"(Otiusitas inimicu est animae)이라고 가르쳤다. 그래서 그는 수도사들이 일정 시간 동안 육체노동에 종사하도록 규칙을 정했다. 베네딕트 수도사들은 스스로 열심히 일했을 뿐만 아니라, 다른 사람들에게도 노동의 존귀성에 대한 이념을 확산시켜 나갔다. 베네딕트 수도원의 영향으로 노동의 존귀성에 대한 이념은 서유럽 문화의 중요한 특징이 되었다.

베네딕트 수도사들은 자발적으로 쟁기질을 하고, 타작을 하고, 소젖을 짜고, 망치질을 했다. 그들은 능숙한 농부이자, 장인이자, 기술자였다. 그들의 일을 통해 습지는 농장이 되고, 마을이 되고 수도원이 되었다. 베네딕트 수도원은 농업 면에서 그리고 영지 경영 면에서 크게 성공을 거두었다.

그리고 중세의 마을과 도시를 발전시키는 데 핵심적인 역할을 하였다. 그 결과 베네딕트 수도원은 서유럽의 경제 수준을 높이는 데 결정적인 기여를 했을 뿐만 아니라, 서유럽 여러 나라의 재정에 크게 기여하였다.

또한 베네딕트 수도사들은 로마의 고전 문화를 보존하는데 헌신하였다. 특히 그런 고전 문화의 보존에 추진력을 제공한 인물은 카시오도루스(477?~570?)[17]였다. 그는 성경을 올바로 이해하기 위해서는 기본적인 고전 교육이 필요하다고 생각했다.

그래서 수도사들의 고전 연구가 정당화되었다. 그는 고전을 필사하는 것이 수도사들에게 적합한 일이라고 생각했다. 고전을 필사하는 것은 손으로 하는 육체노동이었다. 결국 베네딕트 수도원들은 수백 년간에 걸쳐 고전 필사 및 교육의 유일한 중심지가 되었다.[18]

b. 중세의 농업노동

중세 전성기는 촌락 생활이 대부분 장원제도를 중심으로 이루어졌다. 장원제란 농노에 의해 대규모 농경지가 경작되는 경제체제를 말한다. 장원은 카롤루스 왕조[19] 시대에 처음으로 등장했으며, 13세기경에 이르기까지 서북 유럽 대부분의 지역에서 농업 경제 조직의 지배적인 형태로 유지되었다.

---

17) 카시오도루스(Cassiodorus, 477?~570?): 6세기 이탈리아 출신의 정치인으로 수십 년 간 이탈리아를 지배하던 동고트 왕국의 국왕들을 보필하였다. 그는 정계에서 은퇴한 후 로마에 기독교 학교를 설립하고 교사들을 고용하여 종교적 문헌과 자유학과의 교육을 실시할 계획을 세워놓고 있었다. 그러나 그의 이 계획은 전쟁의 발발로 무산되었으며, 이후 세속에서 벗어나 두 개의 수도원을 설립하였다.

18) E.M.번즈 외, 전게서, pp.265-267.

19) 카롤루스 왕조(Carolingian dynasty, 751년~ 987년)는 프랑크족 카롤루스 일족이 세운 왕조이다. 카롤링 가문은 아우스트라시아 출신으로 프랑크 왕국의 전 왕조인 메로빙거 왕조에 종사하는 궁재이었으나, 점차 실권을 잡아 프랑크 왕국의 2번째 왕조를 열었다.

장원은 본래 로마의 대농장(라티푼디움, latifundium)에서 유래된 것이지만, 그와는 달리 노예(slave)가 아닌 농노(serf)에 의해 경작되었다. 농노들은 토지에 결박되어 이동의 자유가 없었으며, 영주를 위해 부역을 해야만 했고, 수많은 공납을 바쳐야 했다.

그러나 농노가 노예와 다른 점은 그들 스스로를 위해 경작할 수 있는 토지를 배정받았다는 점, 그리고 토지 박탈의 염려가 없이 경작을 할 수 있었다는 점에서 노예들보다는 훨씬 나았다. 그래서 농노는 비록 가혹한 노동을 하는 운명에 처해지기는 했으나 영주에게 전적으로 예속된 존재는 아니었다.[20]

장원을 구성하는 경제구조의 정점에는 장원 영주의 직영지(直營地)가 있었다. 그 밖의 다른 땅들은 분급농가(分給農家)에게 맡겨져 운영되었다. 이 분급농가의 우두머리는 집사(Meier)들이었으며, 농민들은 이 집사들에게 소속되어 복종하였다.

장원 영주의 직영지에서의 노동은 우선 영주에게 예속된 농민들이 수행했다. 하지만 대개의 경우 장원에 자신의 농지를 보유하고 있던 농민들도 영주 직영지에서의 노동에 동원되었다. 또한 그들은 영주가 요구하는 현물 공납을 납부하였다. 이와 같이 장원제도는 부역 노동과 현물 공납을 기초로 수립된 것이다.

그러나 그러한 장원제도는 농경과 목축, 채소재배, 양어, 삼림이용 등 중요한 농업경제 영역을 담당하였다. 또한 직물의 생산, 목재노동, 금속노동 등을 포함하는 경제적 결합체의 모습을 지니게 되었다.

장원은 기본적으로 자급자족 경제체제였다. 그런 장원은 처음에는

20) E.M.번즈 외, 전게서, pp.354~355.

그에 속한 인구를 넉넉히 부양할 만한 능력을 가지고 있었다. 그러나 장원경제의 영향으로 유럽의 인구는 두 배나 증가했다. 약 650년경에 유럽에는 약 1,800만 명의 인구가 살고 있었지만, 1000년 경에는 그 인구가 3,850만 명으로 증가했으며, 그 중에서 약 400만명이 독일에 거주하고 있었다.

그러한 인구 증가는 경작지의 확대와 함께 이루어졌다. 또한 노동 도구의 기술적 향상과 함께 나타난 생산성 증가도 관련이 있다.[21] 새로운 농기구들은 1050년 이전에 이미 알려져 있었지만, 그것이 널리 사용되고 좀 더 세련되게 개량된 것은 1050~1200년 사이의 일이었다.[22] 그 당시 농기구의 혁신에는 다음과 같은 것들이 있다.

우선 곡식을 베는 데 쓰이는 낫이 작은 낫에서 큰 낫으로 변화했다. 유럽에서는 10세기 이후부터 곡식을 거두어들이는 방식이 이삭 베기 방식에서 줄기 베기 방식으로 바뀌었다. 종전에는 작은 낫으로 이삭만 베고 줄기는 길다란 그루터기 모양을 한 채 밭에다 그냥 세워 두었다. 그런데 10세기 이후부터 사람들은 곡식의 줄기의 맨 아래를 잘라 내는 방식을 택했다. 작은 낫으로 줄기의 맨 아래를 잘라 내기 위해서는 전보다 몸을 아래로 더 깊숙이 구부려야 했다. 그 작업을 하는 농민들은 몇 배나 더 힘들었다.

그러다가 13세기에 큰 낫이 등장하게 되어 이 문제를 해결하게 되었다. 큰 낫이 사용되면서 농민들은 곡식 수확을 좀 더 쉽게 할 수 있었다. 이제 이삭 베기로부터 줄기 베기로의 변화는 가축 사육에 커다란 변화를 가져왔다. 줄기를 거두어 가축에게 먹일 수 있게 되었기

---

21) 헬무트 쉬나이더 외 지음, 한정숙 역, 『노동의 역사』, 한길사, 1994, pp.202~203.
22) E.M.번즈 외, 전게서, p.347.

때문이다. 그래서 외양간 안에서의 가축 사육이 증가하고 목축이 확대되었다. 또한 겨울철 사료 및 가축의 잠자리 문제를 해결하는 데 중요한 역할을 했다.

이 시기에 이루어진 가장 중요한 농업기술 혁신은 비에트 쟁기(Beetpflug)라고 부르는 무거운 바퀴쟁기의 도입을 들 수 있다. 그것은 로마식 갈퀴쟁기와 비교해 볼 때 훨씬 효과적인 것이었다. 갈퀴쟁기는 흙바닥을 파헤치기만 할 뿐인데, 비에트 쟁기는 흙바닥을 파헤치기만 할 뿐만 아니라, 뒤엎기도 했다. 게다가 이 쟁기는 바퀴가 달려 있어서 쟁기를 밀고 다니기가 더 쉬웠다. 10세기 이후에는 철제 쟁기보습이 도입됨으로써 이 쟁기의 효율성이 더욱 향상되었다.

처음에는 황소가 이 쟁기를 끄는 가축으로 활용되었다. 그러나 나중에는 황소 대신 말이 쟁기를 끌었다. 말은 움직이는 속도가 더 빠르고 일의 성취량도 더 많았다. 또한 작업을 보다 더 정확히 처리할 수 있었다. 하지만 쟁기 끄는 가축으로 말을 이용하기 위해서는 휘어지기 쉬운 말발굽을 보호해 주어야 하고 다른 마구(馬具)들도 마련해야 했다. 역사적 문헌에 의하면 9세기 말 말발굽 박기가 행해지고 있었다고 한다. 또한 그 시기에 말의 체격에 맞는 마구 얹기도 행해졌다는 사실이 확인되고 있다.

경작 부문에서는 8세기 이후 이포제(二圃制) 농법으로부터 삼포제 농법으로 바뀌게 되었다. 이포제 농법은 경작지 가운데 절반에서만 작물을 산출할 수 있었다. 나머지 절반의 토지는 다음 해 보다 비옥한 토질을 갖추기 위해서 휴경지로 남겨 두었다. 그러나 삼포제는 토지를 3등분하여 3분의 2를 이용하고 3분의 1만 휴경지로 남겨 두었다. 그 가운데 3분의 1의 토지에서는 가을철에 심는 겨울 곡물(호밀, 밀)이 재배되었으며, 다른 3분의 1의 토지에서는 봄철에 심은 여름 곡물(귀리, 보리, 콩, 완두콩)이 재배되었다.

이 시기에 농민들은 공동으로 땅을 갈고, 씨를 뿌리고, 수확을 하였다. 게다가 비에트 쟁기 같은 값비싼 농기구는 공동으로 사용할 수밖에 없었다. 그래서 농민들 사이에는 협동조합이 형성되게 되었다.

그러나 농민들의 생활은 공물과 부역을 요구하는 영주 측의 강제에 시달렸다. 하지만 농민의 자가 경영지 안에서는 돼지, 양, 닭 등 가축을 길렀고, 농민의 부인네들은 집에서 실잦기, 베짜기, 바느질하기 등을 하였다.[23]

c. 중세의 수공업과 노동

중세의 수공업은 처음에는 농촌의 가내 공업적 유래를 갖고 있었다. 그러다가 언젠가부터 수공업 작업자들 가운데 상당수가 자신의 독립적인 위치를 지키지 못하고, 다른 수공업자의 작업장에 들어가 일하지 않으면 안 되었다. 그것은 지식과 숙련의 부족으로 인해 나타난 현상이었다. 그래서 그들은 한 사람의 수공업자 휘하에 하인으로 고용되었다. 노동계약을 맺고 그 수공업자의 가계에 편입되게 된 것이다.

하지만 그 사람들은 자기가 편입해 들어간 수공업자의 가계 안에서 종복(從僕)의 역할을 담당했다. 13세기 후반이 될 때까지 그들 사이에는 도제적 연수관계가 성립되어 있지 않았기 때문이다. 그는 하인, 조수, 종복에 속하는 사람으로서 수공업자의 가내 생산공동체의 일원이 되었던 것이다.[24]

---

23) 헬무트 쉬나이더 외, 전게서, pp. 206~211.

24) 헬무트 쉬나이더 외, 상게서, p.232

그 가내 생산공동체의 정점에는 수공업자, 또는 수공업마이스터가 있었다. 그는 대외적으론 가족을 대표하는 사람이었다. 그는 가장(家長)이라는 고유한 권한을 가지고 있었을 뿐만 아니라, 그의 부인과 자녀 그리고 종복에 대해서도 후견권을 행사할 수 있었다. 그래서 그의 종복을 처벌할 권리도 갖고 있었다.

14세기 중반 이후 여러 도시들 사이의 연합으로 이루어진 '동업조합동맹'[25]에는 노동법적인 규정이 제정되어 있었다. 그 규정 가운데에는 도제연수관계가 분명하게 드러나 있다. 노동법적인 관점에서 도제와 직인, 그리고 마이스터가 서로 구분되는 지위집단을 형성하게 되었다.

동업조합 정관 안에 노동규정이 도입됨에 따라 마이스터의 권한은 제한을 받게 되었다. 도제와 직인의 수, 도제연수의 기간[26], 노동시간 및 임금과 같은 것도 확고하게 규정되었다. 그런 관점에서 볼 때 도제나 직인은 인신(人身)의 자유가 확보되어 있음을 전제한다. 그래서 도제나 직인은 법률적으로나 사회적으로 자유로운 임금노동자였다고 볼 수 있다.

그러한 노동규정은 노동시간에 대해서도 적용되었다. 대개의 경우 작업은 해가 뜰 때부터 해가 질 때까지로 규정되어 있다. 여름철에도

---

25) 중세 도시는 지역 상공업의 거점으로서 직물공, 석공, 목수, 조각가, 유리 공예가와 같은 많은 장인들이 모여 있었다. 이들은 동업자끼리 조합을 만들고 자신들의 기술 비밀을 지키고 상품 거래에 따른 사항들을 조정하였다. 숙련된 장인이자 생산도구를 소유한 마스터는 직인과 도제를 고용하여 자신의 물품을 생산하였다. 동업조합(Guild)은 이들 마스터들이 결성한 조합이다.

26) 1270년 쾰른(현재의 독일)에 거주하던 전모공(직물 표면에 나와 있는 잔털을 깎아 올을 뚜렷하게 하는 모직물 공정을 담당한 사람)은 도제기간을 2년으로 규정짓고 있다.(상게서, p.233)

오후 5시가 되면 작업을 마감해야 한다고 정해 놓고 있다. 그것은 동업조합이 야간작업을 엄격하게 금지했다는 것을 의미한다.

그 당시는 야간에 정확하게 작업을 수행할 수 있게 하는 조명시설이 전혀 없었다. 조명체로 이용된 것은 관솔개비, 양초, 기름 램프 등이었는데, 이런 것들은 끊임없이 화재의 위험을 안고 있었다.

그것은 그 당시의 건물들이 대개 목조 건물이었기 때문이다. 게다가 지붕마저도 나무 널판이나 짚으로 만들어져 있었다. 그런 조건에서 볼 때, 중세 도시에서 화재는 최대의 적이었을 것이다. 그래서 동업조합은 야간작업 금지령을 위반할 경우 가혹한 처벌을 내렸다.

이제 수공업 노동자들에게 더욱 중요한 것은 임금협정과 임금규약이었다. 동업조합이 규정한 임금지불의 종류는 크게 시간급과 성과급 두 가지로 구분해 볼 수 있다. 전통적인 임금지불 방식은 시간급이었다. 그런데 이 방식에 따르면 임금은 도제나 직인이 그들의 직장, 즉 마이스터인 수공업자의 집을 떠날 때에야 지불되었다. 그런 까닭에 이 시간급의 근거가 되는 노동계약에는 마이스터가 급식을 제공해야 한다는 의무조항이 포함되어 있었다.

그런데 금속수공업자, 재단사, 모자 제조공 등의 경우에는 성과급이 도입된 예를 쉽게 찾아 볼 수 있다. 하지만 성과급은 경제적 변동이 발생함으로써 등장한 것이다. 즉 수공업자 및 직인들의 상태가 변화한 사실과 관련된다.

14세기 유럽은 페스트의 창궐로 인구가 격감하면서 노동력의 손실로 이어졌으며, 이는 유럽 경제의 기반을 이루고 있던 장원제도와 봉건제도를 뒤흔들었다. 시장은 더욱 좁아졌으며, 이로 인해 동업조합의 폐쇄적인 경향은 더욱 강화되었다. 그래서 수공업 마이스터의 수효가 일정한 수준으로 동결되었다.

따라서 직인들은 자신이 마이스터가 되어 자신의 작업장을 소유할 전망이 희박해지게 됐다. 즉 직인이 마이스터가 될 수 있는 가능성이 사라지게 되었다. 그 결과 수공업 마이스터와 직인은 고용주와 피고용자라는 관계에서 서로 대립하게 되었다.

이제 직인들은 자신의 노동력을 파는 임금노동자로 변했다. 직인들은 마이스터의 자격을 갖는 것보다 규칙적인 임금을 확보하는 것이 더 중요하게 되었다. 그래서 직인들은 동업조합에서 탈퇴한 비동업조합 수공업자가 되었다. 그 결과 동업조합 측에서는 직인들의 동업조합 탈퇴를 막기 위해 성과급을 지불하는 방식을 채택하기도 하고, 시간급을 주급이나 일급으로 바꾸기도 하였다.[27]

직인들은 결사를 통해 그 성원들을 보호하고 원조할 필요가 있었다. 그런 목적에서 그들의 사회, 경제적 보장이라는 임무를 수행하기 위해 '직인동맹'을 결성하였다.[28] 직인동맹의 결성으로 마이스터와 직인들 사이의 노동쟁의가 일어났다. 예를 들면, 혁대 제조자들은 도시의 참사회원들 앞에서 서로 결의를 맺었다. 그들 중 누구도 제조 수공업 마이스터들에게 봉사하거나 고용되어서는 안된다는 내용의 약조를 맺었다.

1329년에 작성된 브레슬라우(Breslau) 시(市)의 문서를 보면, 마이스터와 직인들 사이의 노동쟁의가 처음부터 매우 첨예하게 일어났다는 사실을 알 수 있다. 그래서 시의 참사회 측은 직인들에게 파업을 당한 마이스터들을 돌보아 주었다. 그래서 그들의 작업장을 폐쇄하는 조치

27) 헬무트 쉬나이더 외, 상게서, pp. 234~235.

28) 이러한 직인동맹은 근대 노동조합의 선구적 형태라고 말할 수 있다.

를 허가해 주었다.

반면에 직인들은 최종적으로 그 도시를 떠나 버리거나, 높은 임금과 향상된 작업 조건을 제시하였다. 그 결과 직인들의 소득이 마이스터들의 소득에 비해 크게 뒤떨어지지 않았다. 그것은 직인들의 마이스터에 대한 대결 덕택이었다.

3) 근대 산업화와 일의 성숙

a. 르네상스와 종교개혁기의 임금노동

일반적으로 역사는 1350년경부터 1550년경까지를 르네상스 문명으로 구별 짓는다. 역사가들은 르네상스 시대가 중세에 뒤이어 나타났다고 주장한다. 실제로 19세기 말과 20세기 초의 많은 역사학자들은 중세와 근대 사이에 "르네상스"가 존재한다는 것을 당연하게 여겼다.[29]

르네상스는 단지 학문 및 문화의 역사에서 한 시대에 불과한 것이 아니다. 삶의 모든 분야, 즉 지적 예술적 국면뿐만 아니라 정치, 경제, 종교적 국면까지도 변화가 이루어졌다고 본다. 여기서는 특히 그 시대의 경제적 측면의 한 부분인 임금노동의 문제를 살펴보고자 한다.

우리는 이 시대에 농촌과 도시에서 출현한 임금노동의 초기적 형태를 살펴볼 수 있다. 특히 임금노동이 특별한 형태를 띨 수 있게 되었던 생산영역은 광산업, 건축업, 그리고 직물업 분야이다.

역사적 자료에 따르면 "임금노동자"라는 개념은 특히 광산법에서 유래하였다. 14세기 초부터 문서상으로 그 사용이 확인되고 있다. 광산법에는 임금노동자의 자유를 보장하는 법률적 전제가 분명히 형성

29) E.M.번즈 외, 전게서, pp.503-504.

되어 있었다. 그 당시에는 광산지배권이 군주의 권한에 속해 있었으며, 그 결과 광부들은 국왕의 사법권 아래에 있었다. 그것은 광부들을 전통적인 봉건 영주의 권력으로부터 해방시킨 것을 의미한다.

12세기부터 광산업은 유럽 전역에 걸쳐 대단히 번창하게 된다. 그것은 수공업 생산에 필요한 철광석의 수요가 커졌고, 화폐 생산에 필요한 은의 수요가 엄청나게 커졌기 때문이다. 게다가 납에서 금에 이르기까지 다양한 원료에 대한 수요도 점차 확대되어 갔다.

14세기까지도 광산업은 아직 규모가 작은 소경영 형태가 많았다. 그런 소기업가들은 상호 협력하는 양상을 띠었다. 그러나 15세기 중엽이 되면서 자본이 부족한 조합들은 서로 연합하여 좀 더 규모가 큰 조합을 이루거나 상당히 큰 규모의 외래 자본을 끌어들였다.

노동조직의 측면에서 보면 이 당시 광산업체는 이미 매뉴팩처(manufacture)의 모습을 갖춰가고 있었다. 광부들은 괭이에서부터 대규모 펌프 기계에 이르기까지 세분화된 기능을 갖춘 도구들을 작업 공구로 사용하고 있었다. 그런 도구들의 도움으로 광산업의 오랜 골칫거리였던 배수 문제를 해결하게 되었다.

1450년 경 근대적인 여러 특성을 갖춘 광산기업이 등장했다. 그리고 근대적 특성을 띤 노동관계가 나타나게 되는데 그 대표적인 것으로 아동노동을 들 수 있다. 아동노동은 주로 비좁은 갱내에서 일할 사람을 동원할 목적으로 이용되었다. 아동의 작은 신체적 특성을 이용한 것이다.

광업 분야와 관련된 것은 아니지만, 마르크스는 그의 자본론에서 산업혁명 당시 아동노동의 폐해를 잘 지적하고 있다. 자본가들의 아동에 대한 노동착취가 얼마나 심각했는지를 잘 말해준다. 그런데 근대

초에 광산노동을 중심으로 이미 그런 아동노동의 착취가 이루어지고 있었다는 사실을 알 수 있다.

건축업은 현대 사회와 마찬가지로 계절에 의해 많은 제약을 받고 있었다. 겨울철 추운 날씨에는 일을 하기가 어려웠다. 그런데 이 업종에는 석재, 목재, 석회, 물 등과 같은 무거운 짐을 지고 운반할 노동자들이 필요했다. 또한 기중기를 조작할 노동자들도 필요했다. 기중기는 요즘 말로 한다면 크레인과 같다. 현대는 크레인이 자동기계장치에 의해서 움직이지만, 그 당시에는 여러 사람이 바퀴를 돌려서 움직일 수밖에 없었다.

이들 노동자들은 일당을 지급받고 있었다. 도시 당국은 이들이 받는 일당과 관련하여 임금 규정을 제정해야 했다. 그리고 도시 당국이 제정한 임금 규정은 건축업에 종사하는 사람들 모두를 포괄하는 것이어야 했다. 그 규정에 따르면 14~15세기 건축업 마이스터들은 일반 노동자에 비해 두 배의 임금을 받았으며, 직인들은 1.5배를 받았다.

그러나 건축업자들은 동업조합을 결성하고 범지역적인 동맹을 결성하여 도시들이 제정한 임금 규약에 대응하였다. 특히 독일에서 결성된 범지역적 동맹을 살펴보면, 스트라스부르크(Strassburg), 비인(Wien), 취리히(Zürich) 및 쾰른(Köln) 등 4대 건축공조합본부가 있었다. 그리고 이들 본부는 다시 독일 전역을 망라하는 조합을 형성하게 되었다.[30)]

직물생산은 14~15세기 유럽 곳곳에서 이루어지고 있었다. 이 업종은 전형적으로 여성 노동의 형태를 띠고 농민의 가내에서 이루어지고 있었다. 그것은 농민들이 자급자족하기 위한 노동의 한 부분을 형성하

30) 헬무트 쉬나이더 외, 전게서, pp. 237-238.

고 있었다.

그렇다면 그 당시에 직물생산이 결정적으로 발전하게 된 이유는 무엇인가? 그것은 유럽 전역에 걸쳐서 특히 품질이 뛰어난 제품에 대한 수요가 증가하고 있었기 때문이다. 또한 직물생산이 혁명적 전환을 맞이하게 된 결정적인 계기는 품질이 뛰어나고 부드러운 직물이 등장했기 때문이다. 그런 직물들은 광택이 나고 색깔이 아름다워 사치 품목에 들어갈 정도가 되었다. 이와 같은 직물생산의 발전은 가내 노동을 산업으로 전환시키게 된 계기가 되었다.

14세기에 이미 플로렌스 지방[31]에서는 상당히 발달된 직물생산방식을 형성하고 있었다. 그 지방의 양모는 대부분 영국으로부터 수입되었다. 양모가 플로렌스에 도착하게 되면 사람들은 양모를 버들 채찍으로 두들겨 정련하였다. 그런 다음 양모를 세척하고 말려서 불량품 가려내기, 털을 깎아서 다듬는 전모(剪毛)의 과정을 거쳤다. 그 다음에는 양모가 자연색 그대로 방적되고 직조되든가, 아니면 염색을 한 뒤 방적되고 직조되든가 하였다.[32]

직조공들의 작업은 대개 온 가족이 함께하는 것이었다. 그래서 그 작업은 주로 가내에서 이루어졌고 여성이 대단히 중요한 역할을 했다. 모직물은 도시에서 뿐만 아니라, 농촌에서도 직조되는 경우가 많았다. 농촌에서도 그 일은 주로 여성들이 떠맡고 있었다.

---

31) 이탈리아어: 피렌체 Firenze, 영어: 플로렌스 Florence, 이탈리아 중부 토스카나주의 주도이다. 중세 유럽의 무역과 금융의 중심지였으며 종종 이탈리아 르네상스의 본고장으로 불리기도 한다. 1348년 흑사병 이전 인구는 94,000명으로 추측되며, 그중 25,000명이 피렌체의 양털 산업에 종사했다고 전해진다.

32) 헬무트 쉬나이더 외, 전게서, pp.242-243.

b. 산업혁명 이전의 생산과 노동

마르크스(K. Marx)33)는 매뉴팩쳐를 "분업에 토대를 두는 협업"이라고 규정한다. 그것은 자본주의적 생산과정의 특징적 형태로서 16세기 중엽에서 18세기 초 산업혁명 직전까지 진행되었다. 마차를 만드는 과정을 그 예로 들어볼 수 있다.

이전에는 한 대의 마차는 독립 수공업자가 수레바퀴 제조, 마구 제조, 재봉, 자물쇠 제조, 가구 제조, 선반 제조, 유리 제조, 도장 등을 하여 만든 노동 생산물이었다. 그러나 마차 매뉴팩쳐는 각각의 수공업자들이 모두 하나의 작업장에 모여 작업을 하며, 각각의 미완성품을 이 사람으로부터 저 사람에게로 옮긴다.

그런데 점차 마차 생산은 각종의 부분 과정들로 세분화되었고, 각각의 부분 과정들은 특정 노동자의 전문 기능으로 고정되었다. 그리고 전체적인 매뉴팩쳐는 이러한 부분 노동자들의 노동을 결합하여 수행되었다.

이것은 하나의 독립 수공업자가 여러 가지 작업을 수행하여 하나의 상품을 생산하는 것이 아니다. 매뉴팩쳐에서 수공업자들은 언제나 각자 단 한 가지의 부분 작업만을 수행하게 되며, 생산물은 수공업자 연합의 사회적 생산물이 된다.

다음과 같은 사례는 그런 상황을 잘 설명해 주고 있다. 독일 길드에 속하는 제지업(製紙業)에서는 여전히 하나의 수공업자가 일련의 순차적 작업들을 진행하고 있었다. 그런데 네덜란드에 있는 제지 매뉴팩쳐

---

33) 카를 마르크스(독일어: Karl Marx; 1818~1883)는 독일의 공산주의 혁명가, 혁명적 사회주의자, 철학자, 경제학자, 정치이론가, 역사학자이다. 그의 대표작은 1848년 출간된 소책자 ≪공산당 선언≫과 3권짜리 ≪자본론≫이다. 마르크스의 정치사상과 철학사상은 그 이후의 사상사, 경제사, 정치사에 거대한 영향을 남겼으며, 마르크스주의라는 일대 학파를 이루었다.

에서는 다수의 협업 노동자들이 동시에 수행하는 수많은 부분 작업들로 독립되어 있었다.

독일 길드에 있는 제침(製針)수공업자는 약 20여 가지나 되는 일련의 작업을 하나씩 차례차례 수행하였다. 그러나 영국의 제침 매뉴팩처는 20명의 수공업자들이 각각 20여 가지 작업 중 한 가지만을 수행하고 모두 동시에 작업을 했다.

이런 분업화된 작업들은 경험이 축적되면서 한층 더 세분화되고 독립되어 완전히 개별노동자들의 전문 기능이 되었다. 그리고 그것은 하나의 상품 생산을 위한 부분 작업으로 전환되었다.

그런 의미에서 매뉴팩처는 두 가지 특징을 갖는다. 그중 하나는 작업의 분화와 전문화다. 다른 하나는 그와 같이 분리되어 있는 수공업을 결합하는 것이다. 그러나 이런 특징들은 인간을 그러한 생산 매커니즘의 한 기관으로 만든다.[34]

매뉴팩처는 생산되는 제품의 성질에 따라 두 가지 조직 형태로 구분된다. 첫째는, 시계 매뉴팩처와 같이 분업적인 형태를 띠는 것이다. 옛날에는 한 수공업자의 개인적 생산물이었던 시계는 다음과 같이 많은 부분 노동자들의 사회적 생산물로 전환되었다. 즉, 큰 태엽 제조공, 지침반 제조공, 나선형 용수철 제조공, 보석 박을 구멍을 뚫는 사람, 시계 바늘 제조공, 시계 케이스 제조공, 나사못 제조공, 도금공 등등.

이런 시계 생산의 경우는 분업노동자들이 동일한 작업장 안에 함께 모여 일하는 경우는 드물었다. 그것은 그 분업 노동자들이 자기 집에서 일하기를 좋아했고, 수많은 이질적 과정으로 분할된 작업들은 노동

34) 카를 마르크스 지음, 김수행 옮김, 『자본론 I 상』, 서울, 비봉, 2015, p.458~461.

도구를 공동으로 사용하지 않았기 때문이다. 또한 자본가의 입장에서는 작업을 분산시킴으로써 작업용 건물을 따로 마련할 필요가 없었다.

둘째는, 바늘 매뉴팩쳐와 같이 협업적인 형태를 띠는 것이다. 이 매뉴팩쳐는 철사를 예를 든다면, 72명의 부분 노동자들의 손을 통과시킨다. 어떤 노동자는 그가 가진 도구로 철사를 뽑고, 다른 노동자는 그의 도구로 철사를 곧게 편다. 또 다른 노동자는 그것을 끊으며, 또 다른 노동자는 그 끝을 뾰족하게 만든다. 이런 노동들은 과거에는 시간적으로 차례차례 수행되던 것이었으나 이제는 동일한 공간에서 동시에 수행된다. 그것은 동일한 기간에 더 많은 완성품을 생산하게 되어 노동생산성을 증대시킨다.

이런 노동과정들은 원래 분산되어 있던 수공업들을 결합시킨 것으로 여러 생산 단계들의 공간적 거리를 단축시킨다. 또한 제품이 한 단계로부터 다른 단계로 이동하는 데 걸리는 시간이 단축되고, 노동력 또한 절약된다. 그리하여 과거의 길드 수공업에 비해 노동생산성이 증대되는데, 그것은 매뉴팩쳐의 협업적 성격에서 비롯된 것이다.[35]

매뉴팩쳐 시대에는 생산자에게 각각의 노동과정에서 여러 가지 능력을 발휘할 것을 요구한다. 어떤 작업에서는 더 많은 힘을, 다른 작업에서는 더 많은 숙련을, 또 다른 작업에서는 더 많은 주의력을 요구한다. 한 사람이 이런 모든 작업이 요구하는 자질과 능력을 다 갖출 수는 없다. 그래서 각종 작업들이 분리되고 독립된 뒤, 노동자들은 각각 자기의 뛰어난 자질과 능력에 따라 분류되고 편성되기 시작했다. 이와 같이 매뉴팩쳐는 일면적이고 특수한 기능에 적합한 노동자의 능력을

35) 카를 마르크스, 상게서, pp. 466~469.

요구하게 되었다.

매뉴팩쳐는 노동자들로 하여금 한가지 일만 수행하는 습관을 갖게 만들며, 결코 실수하는 일이 없는 기관으로 만든다. 그리고 전체 노동과의 연관성은 노동자들로 하여금 기계의 일부와 같은 규칙성을 갖게 만든다. 그들은 기계의 전체 기관 안에 있는 부품들처럼 움직인다.

집단 노동에서 개별 노동자들이 수행하는 각각의 기능에는 단순한 것과 복잡한 것, 저급한 것과 고급스러운 것이 있다. 그래서 개별 노동자들은 정도가 다른 훈련을 필요로 하며 각각 다른 가치를 갖게 되었다. 이와 같이 매뉴팩쳐는 노동력의 등급제도를 발전시키게 되었고, 그에 따라 임금의 등급이 매겨지게 되었다.

이러한 등급제도와 함께 숙련공과 미숙련공이라는 구분이 생기게 되었다. 미숙련공은 훈련비가 들지 않고, 숙련공의 훈련비는 수공업노동자[36)]에 비해 훨씬 줄어든다. 마르크스는 이 모든 경우에 노동력의 가치가 떨어진다고 보았다. 이러한 훈련비의 감소로 인한 노동력의 가치 저하는 자본의 가치 증식을 높여주는 결과를 가져온다. 그것은 노동력의 재생산에 필요한 노동시간(훈련시간)을 단축시킴으로써 잉여노동을 확장시키기 때문이다.[37)]

c. 산업혁명 시대의 생산과 노동

산업혁명은 대략 1760년에서부터 1850년에 이르기까지 영국에서 이루어진 생산구조의 변화다. 이 시기에 영국에서는 기계를 이용해서

36) 이 수공업 노동자는 중세 길드(Guild)에 있었던 노동자로서 하나의 노동자가 상품 생산의 전 과정을 담당했다.

37) 카를 마르크스, 전게서, pp.475~477.

상품을 제조하는 방식으로 전환된다. 그렇다면 그런 생산기술의 변화가 이루어진 계기는 무엇일까? 그것은 자본주의적 체제 아래에서 경제 운영상의 문제가 발생하여 일어난 것이다. 그래서 산업혁명이란 기술적 변혁이라는 등식으로만 이해되는 것은 아니다. 그것은 경제구조 및 사회구조의 변혁이라는 의미도 함께 가지고 있다.

1840년대에 이르러 영국은 이미 그들이 자랑스럽게 말한 바와 같이 〈세계의 공장〉, 〈최초의 산업 국민〉이 되어 있었다. 즉 산업생산이 압도적인 주류를 이루는 경제체제를 갖춘 사회가 되어 있었다. 그것은 산업혁명으로 인해 초래된 변화의 근본적인 특징이자 가장 중요한 결과이다. 예를 들면, 1760년에서 1851년 사이에 농업에 종사하는 사람들의 비율이 50퍼센트에서 15퍼센트로 감소했다. 반면에 공업, 광업, 상업, 수공업에 종사하는 사람들의 비율은 1760년에 25퍼센트였으나, 1851년에는 63퍼센트로 증가하였다.[38]

산업혁명을 주도했던 가장 중요한 산업들은 직물공업, 탄광업, 제철공업, 금속가공업, 기계제조업 등이었다. 특히 기계제조업의 발달은 동력기계, 작업기계, 작업도구, 수송수단이 갖추어지는 계기가 되었다. 이러한 산업발달은 그 당시 기술적 발명에 의해 나타난 생산방식의 변화와 함께 일어났다. 특허를 받은 많은 기계들이 발명되었고 공장이 세워졌다.

철공소 주인인 다비 부자(父子)는 코크스와 이탄, 석탄 가루 등의 혼합물을 사용해 제철 방법을 개선하고 강력한 용광로를 실용화했다. 1730~60년에 철의 사용량은 50퍼센트 증가했다. 또 탄광에서는 배수

38) 헬무트 쉬나이더 외, 전게서, pp.253-255.

작업에 증기펌프를 사용했다. 이와 함께, 기술을 중시한 학자였던 제임스 와트는 1760년대에 단식 증기기관을 발명했는데, 이 동력장치는 1775년 경, 산업에 실제로 사용되었다. 1776년에는 최초로 철도 레일이 제조되었고, 1779년에는 최초의 철교가, 1787년에는 최초의 철선(鐵船)이 제조되었다.

1764년 직포공 제임스 하그리브스가 제니 방적기를 개선해 한꺼번에 많은 양의 방적을 할 수 있게 되었다. 1768~70년에는 이발사 리처드 아크라이트가 추(물레)의 작동에 수력방적기를 이용했다. 1785년에는 처음으로 증기기관으로 움직이는 방적공장이 노팅엄(Nottingham)[39]에 세워졌다.

같은 해, 목사인 에드먼드 카트라이트가 기계직기를 발명하고, 이것이 점차 개선되어 18세기 말에는 일반적으로 쓰이게 되었다. 이와 함께 탈면기, 소면기, 표백기 등 면공업의 다른 분야에서도 여러 가지 기계의 개선이 이루어졌다.[40]

이런 움직임 속에서 바로 새로운 생산 형태, 즉 공장이 등장하게 되었다. 공장에서는 가열에는 흑탄, 기계 작동에는 백탄을 사용하여 동력이 이용되었다. 이러한 동력을 사용해 일단의 기계 체계가 움직였고, 이에 따라 필연적으로 생산이 조직되고 작업속도가 정해졌다. 방적공장이 세워지고, 노동자 수백 명을 고용하는 4~5층 벽돌 건물이 세워졌다. 제철공장과 주철공장에는 대형 용광로와 작업장이 몇 개씩 모여 있었다.

---

39) 노팅엄(Nottingham)은 영국 잉글랜드 중동부지방 노팅엄셔주(Nottinghamshire)의 주도이다. 로빈 후드의 전설로 유명한 곳이다.

40) 미셸 보 지음, 김윤자 옮김, 『미셸 보의 자본주의의 역사, 1500~2010』, 뿌리와 이파리, 2015, pp.137~139.

전통적인 수공업자나 가내노동자들은 공장에 나가서 일하는 것을 싫어했다. 공장에서는 엄격한 규율에 복종해야 했고 영혼이 없는 기계들의 반복된 움직임 속에서 톱니바퀴 돌아가듯 일해야 했다. 한마디로 공장에 가서 일한다는 것은 마치 병영이나 감옥에 들어가는 것과 같았다. 그래서 산업혁명기의 산업자본가들은 농촌을 떠나온 빈민 프롤레타리아에게서 노동력을 확보했다.

초기에 공장에서 일하던 사람들은 매우 다양하게 구성되어 있었다. 대지주의 토지 확대로 쫓겨난 농민, 해고된 군인, 종교단체에서 맡고 있던 빈민 등 온갖 계급의 인간들로 구성되어 있었다. 공장주는 경험이 전혀 없고 일할 준비가 되어 있지 않은 이들에게 일을 가르치고 훈련을 시켜야 했다. 특히 공장에서의 규율을 익히게 해야만 했다. 다시 말해서 공장주는 이들을 목재기계나 금속기계와 같이 생산목적에 부합되는 인간기계로 변형시켜야 했다.

또한 노동자들은 엄격한 규율을 지켜야 했다. 입실, 식사, 퇴실이 모두 종소리에 맞추어 진행되었다. 공장 안에서는 각자 지정된 위치와 엄격하게 정해진, 그리고 항상 똑같은 업무가 주어졌다. 감독의 감시 아래 모두 규칙적으로 쉼 없이 일해야 했다. 감독은 벌금이나 해고, 때로는 훨씬 야만적인 강제를 통해 노동자들에게 복종을 강요했다.

특히 섬유공장의 노동력은 거의 대부분 여자와 어린아이들로 구성되어 있었다. 어린아이들은 종교단체의 돌봄을 받는 구호 아동들이 많았다. 예를 들면, 1789년 1,150명을 고용하고 있던 아크라이트 공장 세 곳에서는 종업원의 3분의 2가 15세 미만의 어린이였다.[41]

41) 미셸 보, 상게서, pp.140-141.

재봉기로 일하는 여직공들은 재봉기 앞에 앉든가 서서 손과 발로 움직이는데 이들은 많은 노동력을 제공해야 했다. 그들의 노동시간은 오래 지속되기 때문에 건강에 해로웠다. 특히 좁은 공간에 재봉기가 설치되어 있는 작업장은 더 건강에 해로웠다.

"30~40명씩 기계에서 함께 일하고 있는, 천장이 낮은 작업장에 들어설 때의 느낌은… 도저히 참을 수 없다… 부분적으로는 다리미를 달구기 위한 가스난로 때문에 방안은 무서울 정도로 무덥다… 그런 작업장에서는 적당한 노동시간, 즉 아침 8시부터 저녁 6시까지의 노동시간이 지켜지는 경우조차 매일 규칙적으로 3~4명이 졸도한다."[42]

평균적으로 직물공업에 종사하는 공장노동자들은 월요일부터 금요일까지는 매일 14시간씩, 그리고 토요일에는 10시간씩을 공장에서 보냈다. 일주일 동안의 작업시간은 대략 70~80시간에 달하였다.

42) 카를 마르크스, 전게서, pp.636~637.

일과 행복

4

어떻게 일할 것인가?

1) 현대와 미래 사회의 일

a. 과학기술의 발달과 산업구조의 변화

2000년대에 접어들기 직전에 미국 포드(Ford) 자동차 회사의 기술 담당 이사는 공학사 학위를 취득한 엔지니어들의 신입사원 오리엔테에션에서 다음과 같이 말했다.

"여러분은 공학사 학위의 유효기간을 얼마로 하면 좋겠습니까? 여러분이 열심히 공부해서 취득한 공학사 학위는 지식과 기술이 너무 빠르게 변화하고 있기 때문에 일정 기간이 지나면 쓸모가 없게 됩니다… 우리 회사에서는 공학사 학위의 유효기간을 2년으로 보고 있습니다… 현재 공과대학에 재학 중인 학생이 1학년 때 배운 전공지식과 기술은 3~4학년이 되면 별로 쓸모가 없어진다는 것입니다."

현대사회는 지식과 기술이 폭발하는 시대다. 2000년대 이후 지식과 기술은 2~3년을 주기로 2배씩 증가했다. 그에 따라 실용 지식과 기술의 수명도 단축되었다. 이런 현상은 비록 엔지니어에게만 국한된 것은 아니다. 의료계, 법조계 등도 마찬가지다.

현재 의료기술은 컴퓨터, 로봇팔 등을 통해 자동화, 고도화되고 있는 실정이다. 또한 법전, 판례 찾기 등은 이미 컴퓨터 상에서 자동으로 이루어지고 있다. 정보가 개방되어 있어서 개인은 변호사의 도움이 없이도 재판이 가능하다.

그렇다면 미래 사회의 노동현장에는 어떤 일들이 벌어질까? 미래학자들은 앞으로 10년 이내에 인간처럼 움직이는 로봇이 판매될 것이며, 노동시장에서 커다란 파장을 불러올 것이라고 전망한다. 또한 현재 지식노동자들이 가지고 있는 지식의 대부분을 인공지능컴퓨터가 처리할 것이라고 전망하고 있다.

그런데 이런 산업구조의 급격한 변화 현상은 왜 일어나는 것일까? 1982년 미래학자 버크민스터 풀러(Buckminster Fuller)는 지식 두 배 증가 곡선(Knowledge Doubling Curve)이라는 흥미로운 신조어를 만들어냈다.[43] 이는 곧 인간의 지식이 증가하는 양적 비율을 일컫는 용어이다.

지식이 2배로 증가하는 주기는 산업구조의 변화와 함께 기하급수적으로 변화한다. 1750년 산업혁명을 기점으로 지식이 2배로 증가한 시기는 1900년으로 150년이 걸렸다. 그런데 1900년을 기점으로 지식이 2배 증가한 것은 1950년으로 50년이 걸렸다. 그 후 지식이 2배로 증가하는 시간은 10년, 6~8년, 2~3년으로 단축되었다.

이제 미래 사회는 우리에게 어떤 모습으로 다가올 것인가? 혹자는 미래 사회의 패러다임을 후기정보화사회, 환상사회, 영성사회로 설명한다.[44] 후기정보화사회란 인간의 능력을 인공지능 컴퓨터로 대체하는 사회다. 환상사회란 의학, 과학기술의 발달로 인간은 질병을 극복하고, 생명을 연장하여 100세 이상 사는 사회다. 영성사회란 인간이

43) 한국교육신문, 2018. 01. 22.

44) 이무근, 이찬, 전게서, pp.116-118.

꿈과 가치를 갈망하는 시대가 도래하며, 영적 심리적으로 심한 갈등을 겪는 사회다. 영성사회에서 인간은 영적, 정신적 문제를 치유하고자 하는 욕구가 높아진다.

그렇다면 미래의 패러다임을 주도할 주요 기술과 산업에는 어떤 것들이 있을까? 그것은 다음과 같이 크게 여섯 가지로 구분해 볼 수 있다. 첫째는 정보기술(IT ; Information Technology)이다. 이 분야는 향후 10년 이내에 나노기술, 바이오 기술이 융합되어 새로운 진화가 이루어지며, 인공지능, 가상현실, 유비쿼터스 기술의 발달로 가상 세계와 현실 세계의 붕괴가 일어날 것이다.

둘째는 바이오 기술(BT ; Bio-Technology)로 체세포 복제, 유전자분석, DNA 합성기술 등을 활용하여 장기이식, 유전자 의료서비스, 유전자 제약시장 등의 폭발적 성장이 예상되며, 21세기 고부가가치를 창출하는 핵심산업 중 하나가 될 것이다.

셋째는 나노기술(NT ; Nano Technology)이다. 나노 단위란 머리카락 위에 수만 개의 나노 섬유를 올려놓을 수 있는 정도의 크기를 말하는 것이며, 나노기술이란 미세한 나노 원자나 분자를 조작하여 어떤 특성과 기능이 대폭 향상된 새로운 물질을 만들어 내는 기술이다. 또한 나노기술은 나노 로봇 등에 활용될 수 있는데, 나노 로봇이란 적혈구보다 작은 치료용 로봇으로 혈관 속의 독성 물질 청소, 손상된 장기, 손상된 DNA 치료 등에 쓰인다. 그래서 치매, 파킨슨병 등의 치료, 지능 향상 등에 활용될 수 있다.

넷째는 로봇기술(RT ; Robot Technology)이다. 이 기술은 10~20년 이내에 자동차 산업을 능가하는 규모로 성장할 것으로 예상된다. 로봇산업은 크게 3가지로 구분되는데, 1) 인간을 닮은 로봇인 휴머노이드

(humanoid), 2) 로봇의 일부를 인간에게 접목 시키는 사이보그, 3) 인간의 뇌를 닮은 인공지능로봇이 그것이다. 로봇기술의 발달과 관련하여 로봇 렌탈사업, 로봇용 애플리케이션사업, 애완용 로봇 판매사업, 로봇 손해보험사업 등이 새롭게 등장할 예정이다.

다섯째는 에너지 및 환경기술(ET ; Energy & Environment Technology)이다. 지구온난화, 극심한 기후변화, 환경오염 문제 등은 개인, 사회, 국가에 막대한 인적, 물적 손실을 가져와 국가간 분쟁을 야기하기도 한다. 그래서 많은 국가들은 태양에너지, 풍력발전, 바이오에너지 등 대체 에너지를 개발하기 위해 노력하고 있다. 또한 CO_2 저감 노력을 위해 하이브리드 자동차, 전기자동차, 수소연료자동차 등의 개발을 위해 많은 노력을 기울이고 있다.

여섯째는 문화기술(CT ; Cultural Technology)로서, 과학기술, 인문사회, 문화예술의 체계적 접근과 융합을 시도하고 있다. 주목할만한 CT Space 영역에는 영상, 음악 등 문화콘텐츠 창작기술, 디지털 캐릭터, 디지털 완구 디자인 등 생활 문화기술, 미디어 제어기술, 미디어와 사람의 인터렉션을 위한 미디어 공학 등이 있다.[45)]

이러한 미래 산업구조의 변화는 직업생활과 근무환경을 변화시킬 것이다. 우선 앞으로 10년 이내에 맞이하게 될 후기정보화사회에서는 현재 시점에 있는 대학 재학생들은 새로운 경력과 이력을 필요로 하게 될 것이다. 또한 산업과 기술의 발달은 직업세계의 변화를 가속화시킬 것이며, 한 사람이 은퇴할 때까지 여러 번 직업을 바꾸게 될 것이다.

45) 이무근, 이찬, 상게서, pp.119-133.

b. 과학기술의 발달과 인간의 일자리

산업혁명 이후 과학기술의 발달은 인간의 일자리를 위협하는 요인이 되었다. 인간이 하는 일을 기계가 대신함으로써 인간은 그들이 할 수 있는 일자리를 잃고 실업자가 되었다. 1811년에서 1812년 사이에 영국에서 일어난 러다이트 운동(Luddite)은 당시 새롭게 등장한 방직기가 노동자의 일거리를 줄인다는 생각으로 대규모 기계 파괴 운동을 벌인 것이었다.[46)]

특히 현대사회는 자동 기계의 발달로 인해 실업자가 발생한다. 지금도 공장자동화와 사무자동화는 인간의 일자리를 빼앗고 있다. 게다가 제4차 산업혁명의 도래는 인공지능과 로봇 기술의 발달로 인해 10~20년 이내에 수십억 명이 실업자가 될 것이라는 전망이 나오고 있다. 그래서 인간이 만든 기계가 인간의 일자리를 빼앗는 일은 더욱 심각해질 수 있다.

과거에는 기계가 인간의 육체적인 일을 대신했다. 얼마 전까지만 해도 기계는 인간이 가지고 있는 인지능력을 갖지 못했다. 인간은 인지능력에서 기계보다 월등했다. 학습과 분석, 의사소통, 그리고 다른 인간의 감정을 이해하는 능력인 인지능력은 기계가 아니라 인간만이 가지고 있는 특수한 능력이었다.

하지만 현대의 과학기술에서 인공지능(AI)은 인간의 인지능력을 추월하고 있다. 거기에는 인간의 감정에 대한 이해까지 포함된다. 이제

---

46) 러다이트 운동(Luddite)은 19세기 초반 영국에서 있었던 사회 운동, 그 운동은 1811년과 1812년 사이에 일어난 대규모적인 기계 부수기 운동이었고, 노팅엄셔 · 요크셔 · 랭커셔를 중심으로 수많은 역직기(力織機) 편기가 파괴되었다. 기계를 때려 부수는 행위는 기계를 소유하는 자본가에 대한 증오를 나타내는 하나의 변형이었다.

인간의 감정이라는 것도 생화학적 과정의 결과물이라고 본다면 결코 신비로운 현상이 아니다. 그래서 인공지능은 그동안 인간의 '직감'에 의존했던 업무영역에서도 인간을 능가할 수 있게 되었다.

이 말은 곧 인공지능이 그동안 '직감'이 필요하다고 여겨져 온 업무에서도 인간을 능가할 수 있게 되었다는 것을 의미한다. 지금까지 직감이나 감정은 영혼을 가진 인간의 전유물이었다. 인간이 아닌 기계는 무거운 물건을 운반하는 등의 기능은 수행할 수 있어도 인간의 감정이나 감각을 대신할 수는 없었다.

그러나 인공지능은 확률계산과 패턴인식을 통해 인간의 신경망을 대신할 수 있고 감정을 읽어낼 수 있게 되었다. 인간의 감정과 욕망, 선택을 뒷바침하는 생화학적 매커니즘에 대한 이해가 높아진 것이다. 그래서 인공지능은 인간의 행동을 분석하고 의사결정을 예측할 수 있게 되었으며, 그런 능력을 필요로 하는 직업, 예컨데 운전사, 은행원, 변호사까지 대체할 수 있게 되었다.

보행자의 의도를 예측하는 운전사, 대출자의 신용을 평가하는 은행원, 상대방의 의도를 파악해야 하는 변호사가 하는 일들은 감정에 의존하지 않는다. 오히려 그들의 뇌(brain)는 상대의 얼굴 표정과 음성의 높낮이, 손의 움직임, 심지어 체취까지 분석하는 방법으로 생화학적 패턴을 파악한다. 그것은 인공지능이 적절한 센서만 갖춘다면 인간보다 훨씬 더 정확하면서도 믿을 만하게 모든 일을 처리할 수 있다는 것을 의미한다.

그러므로 인공지능으로 대치될 수 있는 일을 하는 사람들에게는 실직의 위협이 다가올 수 있다. 정보기술과 생명기술이 융합되면 이런 실직의 위협은 더 커진다. 컴퓨터가 지금 뇌과학자들이 소뇌와 편도체에 대해 알고 있는 것들을 활용할 경우, 심리치료사 직업은 사라질지도 모른다.

인공지능은 인간이 아니기 때문에 갖는 고유한 능력이 있다. 인간은 개별자로 존재하기 때문에 모든 인간을 연결해서 정보를 업데이트할 수가 없다. 그러나 인공지능은 개별자가 아니기 때문에 연결성과 업데이트가 가능하다. 그것은 하나의 네트워크로 통합이 가능하다. 그래서 개별자로서의 인간은 인공지능의 통합된 네트워크에 통합되고 대체될 수 있게 된다.

예를 들면, 인간 운전사는 교통법규를 위반할 수 있다. 그리고 모든 차량은 제각각 움직인다. 그러다 보니 서로를 오해하여 충돌하기도 한다. 반면에 자율주행 자동차는 하나의 통합된 네트워크에 모두 연결될 수 있다. 두 대의 차량이 같은 교차로에 들어갔을 때에도 그 둘은 사실 별개의 것이 아니다. 단일 알고리즘(algorithm)의 부분들이다.[47]

그래서 서로 오해를 일으켜 충돌할 위험이 훨씬 적어진다. 또한 교통부가 교통법규를 바꾸기로 결정하더라도 모든 자율주행 자동차는 정확히 같은 순간에 업데이트될 수 있다. 자율주행 자동차는 사람의 실수로 인한 교통사고를 절대 일으키지 않는다. 음주운전 사고, 졸음운전 사고가 일어날 이유가 없다.

다음으로 인공지능 의사를 생각해 보자. 인공지능 의사는 네트워크 연결성과 업데이트 가능성이 있어서, 새로운 질병이나 신약이 발명됐

47) 알고리즘(algorithm)은 수학과 컴퓨터과학에서 사용되는, 문제 해결 방법을 정의한 '일련의 단계적 절차'이자 어떠한 문제를 해결하기 위한 '동작들의 모임'이다. 알고리즘은 문제 풀이에 필요한 계산 절차 또는 처리 과정의 순서를 뜻하며, 프로그램명령어의 집합을 의미하기도 한다. 그것은 연산, 데이터 마이닝(기계학습) 또는 자동화된 추론을 수행한다.

을 때 순식간에 업데이트할 수 있고 피드백을 주고 받을 수 있다. 또한 인공지능 의사는 전 세계 수십억 명의 사람들에게 훨씬 저렴하면서도 질 좋은 의료서비스를 제공할 수 있다. 학습 알고리즘과 생체 센서 덕분에 개발도상국의 가난한 마을의 주민들도 스마트폰을 통해 의료서비스를 제공받을 수 있다.

교통체계의 통합이든 의료체계의 통합이든 인공지능시스템에 의한 통합은 결국 많은 사람들을 일자리로부터 몰아내는 결과를 가져올 수 있다. 아무튼 택시 기사나 의사 등의 직업에 큰 변화가 일어날 수 밖에 없을 것이다.

19세기 말 자동차가 발명되자 미국에서 최초의 영업용 택시가 등장했다. 그러자 그 이전에 말을 몰던 마차 몰이꾼은 직업을 택시 기사로 전환했다. 그러나 말은 점점 고용시장에서 퇴출되는 결과를 가져왔다. 제4차 산업혁명의 진행은 일자리에 어떤 변화를 가져올 것인가?

현재 의사들은 인공지능 의사로 대체될 가능성이 높다. 하지만 신약 개발, 획기적인 수술 절차의 개발을 위한 연구를 수행하기 위해서는 전문적인 인간 의사가 더 필요할 것이다. 그래서 고도의 전문성을 필요로 하는 일자리들은 새로 생겨날 가능성이 높다. 그러나 비숙련 노동자의 일자리는 고용시장에서 계속 밀려날 가능성이 크다.[48)]

c. 다가올 미래의 신세계

40세에 실직한 어느 대기업 직원이 새로운 직업훈련을 받고 드론 조종사가 됐다고 하자. 그런데 그 드론 조종사는 10년 후에 다시 직업

---

48) 유발 하라리 지음, 전병근 옮김, 『21세기를 위한 21가지 제언』, 김영사, 2018, pp.44~60.

훈련을 받아야 할 것이다. 그때쯤이면 드론을 날리는 새로운 기술이 나올 수 있기 때문이다. 최근 선진국에서 생겨나는 많은 신규 일자리는 주로 비정규직이거나 자유계약직, 혹은 일회성 업무와 관련된 직업이다. 점점 직업은 필요에 의해 갑자기 생겨났다가 10년도 안 돼 사라져 버리게 된다.

이와 같이 커져가는 직업변동성은 노조를 조직하거나 노동권을 확보하는 일을 어렵게 만들 것이다. 그것은 인공지능으로 인한 기계학습과 로봇이 계속 개선될 것이며, 미래의 자동화 위협으로부터 인간 일자리가 결코 안전할 수 없기 때문이다. 결국 인공지능과 로봇으로 인한 자동화 혁명으로 인해 고용시장의 안정성은 사라지게 될 것이다.

지금도 자신이 평생 한 가지 일을 할 거라고 생각하는 사람들은 드물다. 그런데 앞으로 30년쯤 뒤인 2050년이 되면 '평생직장' 뿐만 아니라 '평생직업'이라는 말도 사라지게 될 것이다.[49] 끊임없이 새로운 일자리가 만들어지게 되고 노동자들은 끊임없이 그 새로운 일자리에 적응하기 위해 훈련을 받아야 할 것이다.

이미 21세기에 들어오면서 그런 고용시장의 변동성은 엄청나게 커졌다. 그래서 사람들은 자신이 하는 일의 변화에 적응해야 한다. 산업구조의 급격한 변화로 인해 기업은 끊임없이 구조조정을 할 수 밖에 없고, 그래서 노동자들은 끊임없이 실업자로 내몰릴 수 밖에 없다. 이런 현상으로 인해 전 지구는 지금 스트레스라는 유행병을 앓고 있다. 끊임없이 등장하는 새로운 지식, 기술과 커져만 가는 직업변동성에 적응하기가 어려워져 가고 있기 때문이다.

49) 유발 하라리, 상게서, p.64.

그것은 21세기에 들어와 상담과 심리치료가 유행하게 된 중요한 원인이 되기도 하다. 그런 환경 속에서 사람들은 자신이 겪는 스트레스와 정신병에 노출되어 있으며, 그것을 치료하고 정신적인 안정감을 얻기 위해 상담사나 심리치료사를 찾는다. 결국 일과 직업세계의 급격한 변동성은 인간이 마음의 병을 앓게 하는 원인이 되었다.

인간은 스스로 개발한 기계와 컴퓨터, 정보기술, 인공지능이 계속 진화함에 따라 점점 노동시장에서 밀려나는 신세가 되었다. 결국 자신이 만든 기술에 자신의 일자리를 빼앗기는 결과를 낳게 된 것이다. 그렇다면 이제 인간은 어떻게 해야 하는가?

혹자는 인공지능과 로봇에 의한 자동화가 자본주의 시스템의 근간을 위협하는 현실에 대해 공산주의를 부활시켜야 한다고 말한다. 그러나 공산주의는 소수 자본가들의 노동력 착취에 대항하기 위해 만들어진 것이었다. 그리고 현재도 그런 착취는 계속되고 있는 것이 사실이다.

하지만 그것이 물질적인 것이든, 정신적인 것이든 상품의 생산 주체가 인간이 아니라 자동화 기계와 인공지능시스템이라면 말이 달라진다. 이제 소수의 자본가들은 인간의 노동력을 착취하는 것이 아니다. 그것은 인간의 노동력 착취와는 무관한 어떤 것이다. 따라서 인간 노동력 착취에 대항하기 위해 만들어진 공산주의로 이 문제를 해결하기는 어렵다.

최근 사람들의 관심을 모으고 있는 새로운 모델은 보편기본소득제(UBI)다. 그것은 정부가 인공지능시스템 알고리즘과 로봇을 지배하는 극소수의 억만장자들과 기업들에게 막대한 세금을 물리고, 그 돈으로 모든 국민에게 기본적인 필요를 충당할 급료를 제공하자고 하는 것이다.

이것은 특히 빈곤층에게 실직과 경제적 혼란에 대비하는 완충 역할을 할 수 있다. 실제로 얼마 전 북유럽의 핀란드는 실직한 국민 2000명을 대상으로, 그들의 구직 여부와 상관없이 1인당 매월 560유로(약 83만원) 씩 2년간 지급하는 실험을 했다. 그와 유사한 실험이 현재 캐나다 온타리오 주와 이탈리아 리보르노 시, 네덜란드의 도시 몇 곳에서도 진행되고 있다.[50]

다른 대안으로는 정부가 보편 기본소득 대신 보편 기본서비스를 제공하는 것이다. 보편 기본 서비스는 국민들에게 무상교육, 무상의료, 무상교통 등과 같은 서비스를 제공하는 것이다. 이것은 사실상 공산주의가 그리던 유토피아의 청사진이었다. 이제는 그런 목표가 노동계급 혁명을 통해 이루어지는 것이 아니라, 인간이 만들어낸 인공지능과 로봇에 의해 이루어질지도 모른다.

또 다른 해결책은 인간 활동의 범위를 넓혀, 일과 노동의 범주를 확대하는 것이다. 과거에는 일과 노동이 가정의 영역에 있지 않았다. 그것은 가정의 사적 영역을 떠나 직장이라는 공적 영역에 있었다. 하지만 일과 노동이 인간의 손을 떠나 인공지능과 로봇에 맡겨지게 된다면 인간은 무엇을 해야 하는가?

무보수로 일을 하는 자원봉사나 시민사회공동체의 일을 노동으로 인정하고 보수를 지급하는 것도 생각해 볼 수 있다. 사실 그런 활동들은 사회를 위해 매우 가치 있는 일이나 공식적인 노동으로 인정받지 못하고 있다. 또한 현재 가사노동은 사적 영역으로 취급되어 사회의 공식적인 노동으로 인정받지 못하고 있다. 그러나 가사노동이 하는 일

50) 유발 하라리, 상게서, p.73.

들은 인간의 삶에서 가장 필수적인 일들이다. 생활에 필요한 핵심적인 일들이 가사노동을 통해 이루어진다. 또한 아이를 돌보는 것은 세상에서 가장 중요하고 힘든 일임을 알 필요가 있다.

이런 일들을 새롭게 "사회적 노동"으로 공식화시키고 대가를 지불하는 것이 필요하다. 문제는 누가 이런 일들에 대해 평가하고 대가를 지불할 것이냐 하는 것이다. 생각해 보면 그 일을 할 수 있는 것은 정부 밖에 없다. 정부가 이 일을 떠맡고 급여를 지급함으로써 가족의 기본 필요를 충당할 수 있다. 그것은 결국 보편기본소득제의 성격을 갖는 것이 될 것이다.

2) 일을 하는 목적

a. 생존을 위한 재화

김생존은 대학을 졸업한 지 10년이 지났으나 직장을 잡으려고 하지 않는다.

그는 나이가 30살을 훌쩍 넘겼음에도 부모에게 매달 용돈을 받아 쓴다.

그는 아직도 부모의 집에 얹혀 살면서 하는 일이라고는 친구들과 SNS를 주고받고 서로 마음이 맞으면 만나서 수다를 떠는 것이다.

그런데 최근 그는 부모로부터 받는 용돈이 끊어졌다.

그는 이제 자신의 생계를 스스로 책임져야 한다.

그래서 그는 자신이 사는 소도시의 어느 직장에 비정규직으로 취업했다.

사람들이 일을 하는 가장 중요한 목적은 생계를 유지하는 것이다. 인간은 동물의 하나이며 음식과 음료를 먹고 마셔야만 살아갈 수 있다. 대부분의 다른 동물들은 하루의 삶을 먹이를 찾거나 잡는 데 사용한다. 사실 인간이 하루 8시간 일을 하는 것은 먹고 살 수 있는 것을 마련하기 위한 것이다.

원시시대에 인간들은 먹이를 얻기 위해서 사냥을 하고 채집을 하였다. 주로 남자들은 밖에 나가 짐승이나 물고기를 잡아 먹을 것을 마련하였다. 만약 그들이 짐승을 잡지 못하면 가족은 먹을 것이 없이 굶어야 했다. 지금도 아프리카의 일부 부족은 짐승을 직접 잡거나 사자가 잡은 짐승을 빼앗아서 먹을 것을 충당한다.

현대인들에게 그와 같이 먹을 것을 마련하는 것은 돈을 마련하는 것으로 바뀌었을 뿐이다. 현대인들은 돈을 획득하지 못하면 먹을 것을 마련할 수가 없다. 돈을 벌기 위한 경제 활동은 현대인들에게 생계유지를 위해 가장 중요한 일이다.

대학생들에게 일의 개념과 의미를 조사한 결과를 보면, 조사 대상 대학생들(186명) 가운데 152명이 일의 의미를 경제적 보상과 관련된 것으로 서술하였다.[51] 그리고 경제적 보상과 관련된 내용에 기본적인 삶을 영위하기 위한 수입원 확보라는 의미가 가장 많이 제시되었다. 그들은 일과 직업에 대해 "생계유지", "돈을 버는 수단", "경제적 기반 확립"과 같은 의미를 가장 많이 부여했다.

그들은 일을 하는 목적에 대해 다음과 같이 말하고 있다. "의식주

51) 김진숙, 「대학생들의 일의 개념」, 상담학 연구, 2004, Vol.5, N0.4, 980. 조사 결과 일을 하는 첫 번째 이유는 경제적 보상(152명)이라는 대가가 있기 때문이다. 자아실현이나 자기개발(43명), 사회적 지위나 인정(34명), 사회에 대한 기여(21명) 등은 경제적 보상에 비해 응답수가 훨씬 적게 나타났다.

해결을 위한 고정적 수입을 얻는 가장 일반적인 방법", "경제적인 능력이 생겨 좀 더 여유 있는 생활이 가능하다는 것을 의미", "미래 한 사람의 가장으로서 가정을 책임질 수 있는 원동력", "경제적 여유를 가지는 것은 물론, 아들-형-남편-아버지로서 책임을 다하기 위함", "이 사회에서 독립된 인격체로 대접받기 위해서는 무엇보다 경제적으로 독립해야 한다. 그러면 좀 더 당당하고 자신있게 모든 일에 임할 수 있을 것이다."[52)]

그러나 생계유지를 위해 일을 한다는 것은 그렇게 쉬운 것은 아니다. 원시인들이나 아프리카 원주민들은 사냥을 나가면 사자들에게 잡아 먹히기도 한다. 그만큼 위험을 감수해야 한다. 그와 마찬가지로 현대인들에게도 일을 하는 것은 큰 위험이나 스트레스를 감내해야 한다.

김용균(1994~2018년)씨는 태안화력발전소에서 2018년 12월 10일 밤 늦은 시간에 석탄 이송 컨베이어벨트에 끼어 사망했다. 규정에는 2인 1조 근무 규정이 있었지만 지켜지지 않았고 김용균씨는 컨테이너 벨트에서 홀로 일하다 사고를 당했다. 2인 1조로 근무했다면 다른 근무자가 '풀코드'라는 장치를 작동시켜 컨테이너벨트의 작동을 멈추게 하고 김용균씨의 목숨을 구할 수 있었을 것이다.[53)]

더 나아가서 서비스업에서의 업무의 위험성과 스트레스도 엄청나다. 서비스직종은 유통업, 할인점, 백화점, 레스토랑, 호텔 등에서 종사하는 사람뿐만 아니라 교사, 간호사, 공공부문 종사자 등까지 다양하다. 이런 다양한 서비스 산업의 공통점은 고객이나 소비자로서 '인

---

52) 상게서, p.981.

53) 위키백과 태안화력발전소 사고. 이런 산업재해 사고는 2020년 산업재해 사고 사망 통계 발표에 의하면 882명이다. 재해유형별로는 떨어짐(328명), 끼임(98명), 부딪힘(72명), 물체에 맞음(71명), 깔림 · 뒤집힘(64명) 순이다.

간'을 대상으로 일을 한다는 점이다.

그런데 이런 서비스 산업에 종사하는 노동자들은 자신의 감정을 억제해야 한다. 그들은 기업이나 기관이 요구하는 감정표현 방식에 따라야 하며, 자신의 감정이나 느낌을 고객에게 연출하도록 강요당한다.[54] 좋아하고 싫어하고 기쁘고 슬픈 개인의 감정은 기업이나 기관의 집단적 감정에 의해 억제된다. 개인은 자신의 감정을 억압할 수 밖에 없으며, 거기에서 받게 되는 스트레스는 엄청나다.

광주시 노동센터의 감정노동 실태조사 보고서를 보면 감정노동자 67.5%는 이직을 생각한 적이 있다고 답했다. "내가 쓰레기통인가, 이런 생각도 들었어요. 해결 방법을 제시해도 어떤 분은 자기감정을 퍼붓고 싶은 것 같아요. '나 그냥 기분이 나쁘다, 네가 내 담당이니까 얘기 들어라'는 식으로 퍼붓는 거죠".[55]

이런 직무스트레스는 생계유지를 위해 끝내 참아낼 수도 있다. 그러나 직장 내 괴롭힘은 그보다도 더 참기 어려운 일일 것이다. 직장 내 괴롭힘은 "사용자 또는 근로자가 직장에서의 지위 또는 관계 등이 상대보다 우위에 있으면서 … 다른 근로자에게 신체적 혹은 정신적 고통을 가하거나 근무 환경을 악화시키는 경우"[56]로 규정된다.

직장 내 괴롭힘에 관한 구체적인 상담 사례를 몇 가지 살펴보자.[57]

---

54) 김양희 외, 『서비스직 여성근로자의 직무스트레스 실태 및 관리 방안』, 한국여성개발원 2006-11 연구보고서, p.24.

55) 연합뉴스, 2020.11.24.

56) 유현실 외, 「직장 내 괴롭힘 상담 진행에 관한 상담자 경험 연구」, 기업교육과 인재연구, 제26권 제2호(2024. 6), p.74.

57) 상게서, pp.84-85.

1) 내담자들은 객관적인 기준이 없이 부당하게 성과를 인정받지 못하거나 업무가 축소되었으며, 갑작스럽게 자리 배치가 바뀌었고 과도한 업무에 시달렸다고 하였다. "제가 해야 할 일들이 있는데 그 일들이 10개라고 하면 조금씩 축소되는 거죠 … 마지막에는 간신히 하나만 남겨놓고 다 축소를 해서 제가 뭘 할 수 없는 상태로 만들었어요."

2) 내담자들은 상사의 괴롭힘으로 인해 극심한 정신적 고통을 겪었다고 한다. 괴롭힘 강도가 점점 심해져서 동료가 극단적인 선택을 하게 되었고 이로 인해 심한 공포감을 느꼈다고 하였다. "몇 년간에 걸쳐서 괴롭힘의 강도가 점점 세지고 옆의 동료가 작년에 자살 시도를 해서 자기에게도 곧 닥칠 엄청난 공포로 느끼고 있었어요."

3) 내담자들은 직장 내 괴롭힘을 회사 밖의 공공 기관에 신고했는데, 그 후 2차 피해와 보복을 당했다고 호소하였다. 내담자가 괴롭힘을 신고하려고 모아놓았던 증거자료는 업무용 PC에서 삭제되었다. 그리고 회사는 내담자에게 지시 불이행으로 누명을 씌웠다. "내담자는 이미 인권위도 다 신청하고 노동부도 다 했더라고요. 그렇게 조치를 했는데 … 오히려 [괴롭힘이] 더 심해진 거예요. 이 사람[내담자]을 아예 (업무에서) 배제를 해서 말도 못 붙이게 통제하는 거죠."

내담자들은 수돗물이 쏟아지듯이 눈물이 나거나 … 죽고 싶다는 생각이 들 정도로 급성 스트레스 장애를 겪었다고 한다. 그리고 숨이 잘 쉬어지지 않거나 두통이 심하거나, 가슴이 두근거리는 증상이 갑자기 나타났다고 한다. 정신건강 문제에서 내담자들은 약물치료를 받아야 할 정도로 공황장애, 불안, 우울증이 심해졌다고 한다. 또한, 내담자들은 자신이 감시당하는 것 같아서 타인을 경계하고 의심하게 되었다고 하였다.

b. 사회 기여와 봉사

> 알 카포네는 뉴욕 브루클린 태생으로 이탈리아계 이민자의 아들로 태어났다.
>
> 그는 1919년 자신의 후견인을 따라 시카고로 가서 "시카고 아웃핏"이라는 갱단에 몸담게 된다. 그는 금주법 시절[58] 밀주(密酒)로 많은 돈을 벌었다.
>
> 그는 캐나다에 연락망을 갖춰 술을 밀수하는 루트를 만들었으며 자기 조직의 술을 납품받기를 거부한 술집 상인들을 폭탄 테러로 죽여 버렸다 … 그런데 말년에 알 카포네가 뛰어든 사업은 우유 사업이었다.

알 카포네 당시 우유 산업 분야는 그다지 발전하지 못했다. 우유 배달원들이 느릿느릿 다니면서 배달했으며, 우유는 상하거나 품질이 떨어졌다. 이때 알 카포네가 우유 산업에 뛰어들면서 생산, 유통과정

58) 금주법 시절(Prohibition era)은 미국 의회에서 금주법을 비준한 1919년부터 1933년을 말한다. 음주 남용으로 인한 사회적 문제를 제거하는 것이 주요 목적이었다. 1919년 1월 16일 비준된 수정헌법 제18조와 볼스테드 법은 주류의 양조 · 판매 · 운반 · 수출입을 하지 못하게 하였다. 의료 목적에 사용하는 일부 주류와 성만찬에 사용하는 포도주 등만 허용되었고, 그 이외에 주류를 개인이 소유하거나 소비하는 행위는 연방 법률로 불법화되었다.

을 장악한 뒤, 밀주사업으로 확보되어 있던 전국 유통망, 냉장 수송차를 통해 유통을 원활하게 했다.

그는 우유 산업을 독점하기 위해 우유의 유통기한 표기를 법제화하도록 의회에 로비까지 하였다. 아이러니하게도 알 카포네가 자신의 범죄를 덮기 위해 행한 일들로 인해서 미국 우유의 품질은 급격히 상승했고 식중독 사망자도 줄었다.

알 카포네는 자기 이익을 위해서 행한 일이 결국 사회에 기여하는 일이 되었다. 이것은 애덤 스미스(Adam Smith)[59]가 그의 ≪국부론≫에서 주장한 말과 일맥 상통한다. "우리가 저녁을 먹을 수 있는 것은 푸줏간 주인, 양조장 주인, 혹은 빵집 주인의 자비심 덕분이 아니라 자신의 이익을 추구하려는 그들의 욕구 때문이다"

애덤 스미스는 국부를 증진시키기 위해서는 국가가 경제를 일일이 통제해서는 안 되고 시장의 '보이지 않는 손'에 맡겨두어야 한다고 주장한다. 시민 각자가 이익을 추구하지만 시장의 조절작용 덕분에 경제는 원활하게 운영된다는 것이다. 이기심을 추구하더라도 경쟁이 있기 때문에 탐욕으로 값을 너무 비싸게 매기거나 속이면 고객을 잃고 망하고 만다.[60]

결국 개인의 이익 추구 행위는 그것이 범죄가 아닌 이상 사회에 기

59) 애덤 스미스(Adam Smith, 1723~1790)는 스코틀랜드 출신의 영국 정치경제학자이자 윤리철학자다. 그는 고전경제학의 대표적인 이론가로 자본주의와 자유무역의 이론적 토대를 마련했다. 그의 ≪국부론≫은 후대의 여러 분야에 큰 영향을 미쳤다.

60) 다른 한편으로 이 문제는 애덤 스미스의 ≪도덕 감정론≫에 뿌리를 두고 있다. 여기서 빵집 주인은 자기 이익을 추구하되 다른 사람과 동감(同感)하면서 이익을 추구한다. 즉 타인에게 피해를 주지 않는 정의로운 방법으로 이익을 추구하는 것을 말한다. 그는 경제적 기득권층의 카르텔과 독점을 제약하고 동감에 바탕을 둔 자유로운 경제활동을 장려하며, 그 과실을 모든 계층이 누리는 사회가 되기를 바랬다.(blog.naver.com/PostView.nhn?blogId=int9708&logNo=221505347802)

여하는 일이 된다. 그러나 우리는 직업을 갖고 일을 하는 것을 개인의 이익 차원에서만 바라보는 경우가 많다. 즉 직업적 일이 사회에 어떤 기여를 하는지 생각하지 않는다.

대부분의 직장인들은 자신이 하는 일의 명목적 가치를 중시한다. "나는 ○○○대기업에 다닌다." "나는 회사에서 월급을 얼마 받는다"와 같은 것을 중시한다. 물론 그런 것들이 개인에게 주는 가치도 중요하다.

그러나 내가 직장에서 어떤 일을 하든 그것은 반드시 사회적 가치 또는 사회적 기여의 측면이 있다. 내가 하는 일은 어떤 것이든 사회가 필요로 하는 것이며, 나는 그런 필요한 일들을 수행함으로써 사회에 기여한다.

사회에 기여하지 못하는 일은 더 이상 존속할 수가 없다. 음식점이 사람들에게 맛있는 음식을 제공하지 못하면 그 음식점은 문을 닫게 된다. 기업이 사람들이 필요로 하는 상품을 잘 만들어내지 못하면 그 기업은 문을 닫게 된다. 직장인이 회사가 필요로 하는 일을 하지 않게 되면 그는 직장에서 퇴출될 것이다.

음식점이든, 기업이든, 직장인이든 사회나 조직에 필요한 일들을 하기 때문에 존속할 수 있다. 따라서 지금 존속하는 기업이나 직장인은 어떤 형태로든 사회적 기여를 하고 있는 것이다. 문제는 특히 직장인들이 그들이 제공하는 사회적 기여를 잘 생각하지 않는 데 있다. 그리고 사회에 어떻게 기여해야 할지를 생각하지 않는 데 있다. 이와 관련하여 우리는 다음과 같은 사례를 생각해 볼 수 있다.

"보험회사에 다니는 분들은 무슨 일을 할까요? 보험을 판다고 하는데 사실 일이 힘듭니다. 사람들을 만나서 설명을 해야 하는데 상대방이 보험 가입에 부담이 되니까 만나기를 꺼립니다. 그러니까 일이 힘들다고 하죠. 후배 중에 보험 세일즈를 하는 친구가 있는데 얼마 전 겪은 얘기를 하더군요. 40대 초반인 남편이 교통사고로 사망했는데, 아내는 전업주부고 초등학생 딸 둘이 있는데 빈소에서 너무 안돼보이더라구요. 다행히 그분이 생명보험 들어논게 있어 보험금을 지급해 드리게 됐는데 그 일에 자부심이 들었다고 해요. 보험회사 다니는 분들의 사회적 기여는 '사람들이 미래에 닥칠 어려움을 대비하게 하고, 어려움에 닥쳤을 때 도움을 주는' 가치를 주는 거죠."[61)]

이런 방식으로 생각해 보면, 자동차 정비업에 종사하는 사람들은 생계를 유지하기 위해서 기름밥 먹으며 차를 고치는 것이 아니다. 그들은 '특히 가족에게 닥칠 사고를 미리 방지해 주는' 사회적 기여를 하고 있는 것이다. 환경미화원은 생계를 유지하기 위해서 더러운 것을 치우는 지저분한 직업이 아니다. 그들은 '사람들에게 깨끗한 거리를 선물하는' 사회적 기여를 하고 있는 것이다. 공무원, 직업군인, 방송인, 스포츠 스타는 더할 나위 없는 사회적 기여를 한다.

하지만 대부분 사람들은 자기가 하는 일의 사회적 기여보다는 생계 유지의 차원에서 자기가 하는 업무를 생각한다. 돈을 버는 일에만 몰두하다 보니 일이 힘들고 피곤하고 부담감만 준다. 또한 자기 일에 대해 자부심을 갖기도 힘들다. 그러나 이제 내가 하는 일의 사회적 기여를 한 번 생각해 볼 필요가 있다.

기업의 사회공헌 활동도 그런 맥락에서 생각해 볼 수 있다. 본래 기업의 목적은 이윤 추구에 있다. 기업은 영리를 목적으로 재화나 용

---

61) 힐링이 필요해(KBS1라디오 생방송 글로벌 대한민국 2013.06.10 방송분)_일의 사회적 가치에 대하여.

역을 생산하고 판매하는 조직체다. 이윤은 기업주의 목적이고 기업은 이윤 창출의 수단이 된다. 그러나 우리는 기업주의 목적과 기업의 목적을 구분해 볼 필요가 있다.

기업의 목적은 기업 내부의 기업주의 이익에만 있는 것이 아니라 기업 외부에도 있다. 다시 말해서 기업은 사회의 구성 요소이며 기업의 목적은 사회에 있다. 그래서 사회의 입장에서 기업의 목적이 어디에 있는가를 따져 볼 필요가 있다.

현대 경영학의 아버지로 일컬어지는 피터 드러커는 기업의 목적은 '고객'을 창조하는 것이라고 강조한다. 이것이 기업을 설립할 때 첫 번째 질문인 '기업의 사명'이 된다. "우리의 고객은 누구이고, 고객에게 어떤 가치를 제공해야 하는가?"[62]

기업의 목적은 본래 이윤추구에 있지만 "고객을 위한 가치 창조"라는 사회적 기여의 목적도 있다. 기업의 사회공헌 활동은 이런 관점에서 이해된다. 다음은 기업의 사회공헌활동을 처음 인정한 사건에 관한 것이다.

1952년 미국의 뉴저지 법원에서 기업의 사회적 책임에 대한 중대한 판결이 내려졌다. 재봉틀 회사인 A.P 스미스社가 프린스턴 대학에 1,500달러의 기부금을 전달한 데 대해 이 회사의 주주인 바로우(Barlow)가 무효 소송을 제기하였고, 뉴저지 법원은 기부 행위가 기업의 직접적인 이익과는 무관하지만 사회적 책임의 범주로 인정된다는 판결을 내렸다.[63]

이제 기업은 경제적 성과뿐만 아니라 기업 시민으로서의 책임 있는

62) Brunchstory, 2018.10.15., "기업의 목적은 이윤 창출이 아니다."

63) https://www.cgs.or.kr/CGSDownload/eBook/REV/C201009007.pdf.

활동을 요구받게 되었다. 기업은 이러한 사회적 요구에 부응하기 위해 이윤을 사회에 환원하는 사회공헌활동이 확대하기 시작하였다. 최근에는 이러한 사회공헌활동을 통해 사회에 기여한다는 목적뿐만 아니라 그 결과가 다시 기업의 경영 활동에 이익이 되도록 하는 '전략적 사회공헌활동'을 활성화시키는 추세로 발전해 가고 있다.

c. 내적 성장과 자아실현

> 그 도편수는 초등학교를 졸업한 뒤부터 일흔이 넘는 지금까지 평생을 궁궐만 지었다.
>
> 그 긴 세월 동안 한 가지 일을 해오면서, 당장이라도 그만두고 싶을 만큼 힘들고 고통스러운 적도 있었을 것이다.
>
> 그러나 지금 그는 어느 누구도 넘볼 수 없는 궁궐 도편수로 인정받고 있다.
>
> 아무리 뛰어난 컴퓨터 기술과 정밀한 기계조차도 그의 대패질 솜씨 하나를 따라잡지 못한다.
>
> 천년을 버텨온 고목처럼 무수한 고난을 이겨내고 자기 일에 최선을 다하는 사람, 풍성한 삶을 일구고 훌륭한 인격을 키워낸 사람, 그의 말 한마디 한마디는 그의 인생과 마음가짐을 그대로 보여주었다.[64)]

얼마 전 친구에게서 전화를 받았다. 그는 나이가 들어 자신이 하던 일을 그만 두고 쉬고 있었다. 그런데 그는 전화에서 "아무 일도 하지 않고 그냥 집에서 있는 것처럼 힘든 일도 없다"고 말했다. 그래서

64) 이나모리 가즈오 지음, 신정길 옮김, 『왜 일하는가』, 도서출판 서돌, 2015, p.17.

그는 "70 가까운 나이에 다시 일을 하게 됐고 지금이 행복하다"고 말했다.

그는 왜 그 나이 들어서도 일을 하는 것이 행복하다고 말했을까? 우선 일은 나의 능력을 끊임없이 성장시키고 실현해 나가게 한다. 그러나 할 일이 없는 것은 나의 능력의 퇴보, 쇠퇴를 의미한다. 인간은 일을 함으로써 자신의 능력을 드러내고자 하며, 끊임없이 성장하고자 한다.

오늘 내가 일을 한다는 것은 나의 전 생애를 구성하는 부분으로서의 의미를 갖는다. 나에게 오늘 하루의 삶은 나의 전 생애의 삶의 일부분이기 때문이다.[65] 그래서 오늘 일을 하는 것은 오늘 하루의 일로서 가치만 갖는 것은 아니다. 오늘 하루의 일은 나의 전 생애를 위한 가치와 의미를 갖는다.

우리는 인생을 하나의 예술 작품을 만드는 과정에 비유해 볼 수 있다. 나의 삶은 그런 예술 작품을 만들어 가는 과정과 같다. 그 조각품이 성공적으로 만들어지는지 아닌지는 매일 매일의 작업을 어떻게 하느냐에 달렸다. 나의 삶도 그와 같이 매일 매일의 과정을 어떻게 살아가느냐에 따라 성공적인 삶을 살수도 있고 그렇지 못할 수도 있다.

오늘 하루의 삶은 전 생애의 삶의 한 부분으로서 자아를 실현해 나가는 과정이며 나의 존재 이유를 드러내는 과정이다. 아리스토텔레스에 따르면, 인간의 삶은 가능태에서 현실태로 나아가는 과정이다. 모든 인간은 자기 나름대로의 잠재력(가능태)을 가지고 태어나며, 삶의 과정은 그것을 현실화해 나가는 것이다.

인간은 자신의 잠재력을 탁월하게 드러내고자 하는 욕구를 가지고

65) 김태길 지음, 『직업윤리와 한국인의 가치관』, 철학과현실사, 1997, pp.91-92.

있으며, 그럴 때 진정한 나로서 행복하게 살아갈 수 있다. 그것은 내가 태어난 본래의 모습을 드러내는 것, 나의 존재의 본질을 드러내는 것이기 때문이다.

자연 속의 식물이나 동물도 그들의 본성을 드러내면서 살아간다. 제비꽃이나 들국화는 그 씨앗이 자라 그런 모습으로 존재하는 것이다. 제비꽃은 제비꽃으로의 본성을 드러낸 것이며, 들국화는 들국화로서의 본성을 드러낸 것이다.

마찬가지로 참새는 참새로서의 날갯짓을 함으로써 그 본성을 드러내는 것이며, 제비는 제비로서의 날갯짓을 함으로써 그 본성을 드러내는 것이다. 인간이 할 일이 없이 살아간다는 것은 참새나 제비가 날갯짓을 접고 가만히 앉아 있는 것과 같다. 제비꽃이나 들국화가 꽃을 피우지 못하고 시들어버리는 것과 같다.

그러나 인생의 조각품을 성공적으로 완성한다는 것은 쉬운 일이 아니다. 인생을 성공적으로 살려면 자신이 좋아하거나 잘하는 일을 해야 한다고 말하는 사람이 많다. 그러나 처음부터 자신이 좋아하는 일을 선택해서 평생 자신의 직업으로 삼는 사람이 얼마나 될까? 애석하게도 그런 사람은 1,000명 중 한 명 될까 말까다. 더구나 자신이 좋아하는 회사에 들어갔다 하더라도 본인이 희망하는 부서에 배치되고, 자신이 원하는 일을 하는 사람은 1만 명 중 한 명도 되지 않는다.[66]

이나모리 가즈오에 의하면 자신이 좋아하지 않는 일을 억지로 해야 하기 때문에 능률이 떨어지는 것은 아니라고 말한다. 오히려 자신이 좋아하지 않는 분야에서 출발했지만 그 분야에서 두각을 나타내는 사

66) 이나모리 가즈오, 전게서, p.56.

람이 더 크게 성공할 수 있다고 말한다.

그가 경험한 이야기를 들어보자. "쇼후공업에 입사했을 당시, 내가 소속된 연구소는 직원이 대여섯 명밖에 되지 않았다. 회사 내 부서들 중 가장 작은 규모였다. 당시 연구소는 회사에서 생산하는 세라믹 제품을 개발하는 업무를 맡고 있었다. 그리고 연구소에 들어간 내게 파인세라믹이라는 생소한 재료로 고주파 절연 제품을 만들어보라는 지시가 내려왔다."[67]

그가 입사 후 알게 된 것이지만, 회사는 도산 직전이었고, 연구소는 유명무실했다. 게다가 자신이 연구해야 할 분야는 미개척 분야라 일본 내에서는 제대로 된 문헌이나 자료도 없었다. 더구나 상사나 선배도 없이 혼자 일을 해나가야 했다.

하지만 그는 "일을 하는 것 외에는 달리 방법이 없었기 때문에" 마음을 바꾸기로 결심한다. "지금 하는 일 외에 방법이 없다면, 지금 하는 일에만 집중하자!" 그는 파인세라믹에 관한 기초 지식을 쌓기 위해 대학 도서관에서 문헌을 찾기 시작한다 … 그렇게 몇일을 도서관에서 관련 자료를 모으는 동안 그 일에 '흥미'가 생기기 시작했다. 그런 과정에서 그는 파인세라믹의 매력에 흠뻑 빠졌다. 그러면서 파인세라믹이라는 소재가 대단한 가능성을 갖고 있다는 것을 알게 되었다.[68]

---

67) 상게서, p.48.

68) 그는 당시 포스테라이트라는 재료를 연구, 개발하고 있었다. 포스테라이트는 고주파 절연성이 높은 파인세라믹 재료다. 당시 일본은 텔레비전이 급속하게 보급되고 있었고, 텔레비전 생산업체들은 너나없이 포스테라이트를 찾고 있었다. 일본에서는 포스테라이트를 만든 사례가 없었다. 그는 자신의 일에 집중한 결과 우연한 계기로 포스테라이트를 합성하는데 성공한다. 당시 포스테라이트의 합성에 성공한 것은 이나모리 가즈오와 미국의 GE 밖에 없었다. 그가 합성에 성공한 제품은 텔레비전 브라운관의 절연재료인 'U자 켈시마'였다. 그가 개발한 U자 켈

그는 마침내 어느 순간부터 그가 하는 일에 자부심을 갖게 되었고, 내가 아니면 어느 누구도 할 수 없는 일을 하고 있다는 긍지와 그 일을 잘해야 한다는 사명감을 갖게 되었다.

여기에서 그는 '천직'이 나에게 주어지는 것이 아니라 나의 '마음가짐'에서 비롯되는 것이라고 말한다. 그는 어떤 일을 내가 좋아서 추구하기보다는 "자기에게 주어진 일을 좋아하는 것"에서부터 시작하라고 말한다.

열심히 일하는 것은 불가에서 말하는 삼독심(三毒心)을 다스리는 방편이 되기도 한다. 탐욕, 분노, 불만은 깨달음에 장애가 되는 근본적인 번뇌이자 인간을 잘못된 행동으로 이끄는 근원이 된다. 그러나 인간은 이 세 가지 독을 뿌리째 없앨 수는 없다.

이 세 가지 마음은 자신도 모르게 생기는 것으로 태어나면서부터 부여받는 것이다. 우리는 자신의 존재를 지키고 유지하려는 탐욕과, 자신을 공격하는 사람에 대한 분노, 그리고 자신의 기대와 다른 것에 대한 불만을 없앨 수 없다. 문제는 그것들이 너무 지나칠 때 생긴다.

그러나 이나모리 가즈오는 '일을 열심히 하는 것', '주어진 일에 집중하는 것'이 그런 삼독심을 해독한다고 본다. 지금 하는 일에 몰두하면 화를 진정시키게 되고 푸념을 하지 않게 된다.[69] 이런 관점에서 보면 일은 수행이자 인격 수양이라고 해도 과언이 아니다.

"노동은 맡은 일을 달성하는 것이 아니라, 내적 완성을 위한 과정이다. 일은 그 일에 종사하는 사람의 마음을 연마하고 인간성을 높여준

시마는 텔레비전 브라운관에 없어서는 안되는 부품이었고, 이것을 계기로 그가 입사한 쇼후 공업을 기사회생시키는데 기여했고, 나중에 그가 세계적인 기업으로 성장시킨 교세라를 창업하게 된 계기가 되었다.

69) 전게서, p.42.

다."[70] 자기 일에 전념하고 몰두한다면 누구라도 자신의 내면을 단련해 인격을 연마할 수 있다. 일이 사람을 만드는 법이다.

3) 행복한 장인

a. 장인의 특성

금형 일을 하는 김 장인은 시계를 보지 말라고 이야기한다.
잠시도 한눈을 팔 수 없기 때문이다.
"지금 주어진 일에 온 정신을 집중해야 합니다.
태양 빛도 초점이 맞아야 사물을 태울 수 있으니까요.
끈질긴 집중이야말로 제품을 만들기 위한 기본입니다."
"우리 제품들 중 어떤 것도 열정 없이 이루어진 것은 없다고 단언할 수 있습니다.
충분한 용기와 열정만 있다면 무엇이든 가능합니다…
열정은 기회를 발견하고 그 에너지는 우리의 제품으로 탄생합니다."

좋은 제품은 값비싼 기계와 최고의 기술만으로 만들어지는 것은 아니다. 모든 공정에 대한 세심한 이해와 제조 전반에 걸친 노하우가 쌓이기 위해서는 많은 시간이 필요하다. 하루하루 자신의 일에 최선을 다하고, 차근차근 기술을 갈고닦으며 품질에 있어서는 타협하지 않는 것이 장인정신이다. 그것은 제품을 자신의 삶의 일부이자 예술로 승화시킨 것이라 할 수 있다.

---

70) 상게서, p.19.

장인은 비록 작은 일이라 할지라도 무시하지 않고 최선을 다한다. 작은 일에 최선을 다하면 정성스럽게 된다. 그런 정성스러움이 몸에서 배어 나오고, 몸으로 드러난다. 그래서 지극히 정성을 다하는 장인의 손길은 제품 속에 녹아 있게 된다. 그 정성이 고객을 감동시키게 된다.

장인은 일할 때 시계를 보지 않는다고 한다. 잠시도 한눈을 팔 수 없기 때문이다. 지금 주어진 일에 온 정신을 집중해야 한다. 그런 끈질긴 집중이 좋은 제품을 만들어 내는 기본자세다. 훌륭한 제품을 만드는 장인은 거저 만들어지는 것이 아니다.

추사체를 만들어낸 김정희가 최고의 경지에 이른 것은 피눈물 나는 수련의 결과라고 한다. 김정희는 70 평생 벼루 10개를 밑창 내고 붓 1천 자루를 몽당붓으로 만들었다고 한다. 그런 연구와 수련 속에서 추사체가 나온 것이다.[71)]

장인은 자신이 하는 일에 경중을 따지지 않는다. 아무리 작은 일이라 할지라도 온 힘을 다하는 것이다. 그래서 장인정신은 "프로정신의 혼"이라고 말할 수 있다.

이런 장인정신은 특정한 기술로 만든 제품에서만 나타나는 것은 아니다. 기술, 예술, 저술, 학문 등 모든 것에는 그런 장인의 혼이 깃들 수 있다. 그래서 우리 모두가 장인이 될 수는 없지만 어느 분야에서 일하든 장인정신은 가질 수 있다. 무엇이든 끝까지 하려는 자세와 노력, 최선을 다해야 한다는 신념은 누구나 가질 수 있기 때문이다.

발레리나 강수진은 재능보다 노력의 힘을 믿는다. 강수진은 학교에서 최우수 등급을 받는 우수한 학생이었지만, 슈투트가르트 발레단에

---

71) 유홍준, 『우리 시대의 장인정신을 말하다』, ㈜문학동네, 2010, p.44.

입단한 후 선배들과 함께하면서 "프로 세계"의 높은 벽을 실감했다. 입단 초기, 무대에서 엇박자로 군무를 망치는 실수를 하며 그녀는 "항상 준비하고 있어야 한다"는 마음가짐을 뼛속 깊이 새기게 된다.

이를 계기로 그녀는 하루 18시간씩 발레 연습을 반복하며 자신을 발전시키고자 노력했다. 마디마디 굳은살이 박히고 뒤틀린 발과 피투성이 토슈즈. 강수진이 오늘날 최고의 발레리나로 기억되는 것은 하루하루 쌓인 노력의 정직한 대가다.[72]

장인정신의 또 다른 특성은 자부심이다. 장인은 자기 자신과 자신의 일에 대하여 스스로 자부심(自負心)을 갖는다. 그것은 물론 타인의 인정도 중요하겠지만 그것에 좌우되는 것만은 아니다. 자기가 만든 작품에 대하여 자기 스스로 느끼는 자부심이다.

25년간 한자리에서 일해온 구두 수선공 강모씨. 2평 남짓한 구둣방에서 몸 펼 겨를도 없지만 그는 언제나 인상 한 번 찌푸리는 일이 없다. 못 고치는 것 없는 꼼꼼한 수선은 물론 비가 와도, 주말에도 늘 같은 자리를 지키는 한결같은 모습 덕분에 단골도 많다.

"다른 동네로 이사 갔는데 일부러 찾아왔다는 손님들의 얘기를 들으면 뿌듯해요. '내 역할을 제대로 하고 있구나' 하는 생각에 자부심이 생기고요. 돈을 많이 버는 직업은 아니지만 누군가는 해야 할 일이고, 제가 잘할 수 있는 일이 있다는 생각에 감사할 뿐이죠."

일본에 가면 창업한 지 백 년이 넘는 가게가 즐비하다. 대를 이어가며 한 곳에서 한 가지 일을 하면서 눈앞의 이익이나 유행에 휩쓸리지 않는다. 이러한 일본의 장인정신은 현대에 와서 직업윤리로 자리잡았

72) 삼성 이야기 - 삼성그룹 공식블로그.

다. 그래서 일본인들은 직장을 자기 수행의 장으로 여기는 경향이 있다.

그런데 이는 불교의 영향으로 볼 수 있다. 즉, 직업 그 자체를 하나의 수행(修行)으로 간주하는 것이다. 직업에는 귀천이 없고 모두가 평등하며, 사심 없이 열심히 수행(일)을 하면 모두가 성불(成佛)한다는 것이다. 이와 같이 대부분의 일본인들은 직장을 일종의 수행의 장으로 믿고 있다.

일본인들은 자기 자신을 비판하거나 회사 또는 동료의 흉을 보는 것 또한 자기의 수양이 부족함을 스스로 인정하는 것이라 생각한다. 그래서 이를 삼간다. 일본인들은 자기 직업의 귀천을 따지지 않는다. 그 보다는 자기의 직업을 천직으로 알며 맡은 일에 충실할 뿐이다. 이처럼 일본인들에 있어서 '직업'은 흔히 말하는 '삶의 수단' 그 이상의 의미를 가진다.[73]

b. 장인의 능력과 지식

민수는 자전거 타는 걸 배우고 있다.

어려운 것은 자전거에 올라타서 두 발로 페달을 밟고 자전거가 달려갈 수 있도록 하는 것이다.

그런데 자전거는 생각과 같이 잘 달려가지 못한다.

조금 달려가다가 넘어지곤 한다.

민수의 형이 자전거 타는 방법을 설명해 준다.

몸의 균형을 잡고 힘껏 페달을 밟아 보라고 한다.

그러나 민수가 실제로 자건거를 타 보면 균형을 잡는 것이 그리

73) http://www.cambridge.co.kr/culture.

쉬운 일이 아니다.

그는 계속 연습을 해서 결국 자전거 타는 방법을 터득했다. 그러나 그 방법을 말로 설명하기에는 어려움이 많다.

이탈리아의 안토니오 스트라디바리[74]는 세계적으로 알려진 바이올린 제작의 명인(名人)이다. 그의 악기는 모양과 색채가 아름다우며, 음색이 매우 풍부하고 화려하기로 유명하다. 그는 살아 있는 동안 1,000개가 넘는 악기를 만들었는데, 그 중 바이올린 540개, 비올라 12개, 첼로 50개가 아직 남아 있으며, 특히 1710년 이후의 제품은 가장 훌륭한 악기로 평판이 높다. 2005년 뉴욕시에서 공개 경매로 팔린 바이올린은 무려 2,032,000$에 팔렸다고 한다.

그런데 스트라디바리는 죽기 전에 그의 가업을 두 아들 오모보노(Omobono)와 프란체스코(Francesco)에게 물려 줬다. 이들은 아버지의 명성 덕분에 가업을 이어갈 수 있었지만, 결국 실패하고 말았다. 스트라디바리는 두 아들 중 누구에게도 악기 명인이 되는 법을 가르치지 못했고, 가르칠 수도 없었다.

그 후 현악기의 장인들은 스트라디바리의 죽음과 함께 사라진 이 명인의 비밀을 되살려 보려고 노력했으나 결국 허사로 돌아가고 말았다. 스트라디바리의 아들들이 살아 있을 때에도 옛 명인들의 독창적인 기술을 조사하는 작업이 시작됐었다. 오늘날에도 스트라디바리의 명품 바이올린에 대한 분석은 계속되고 있는데 그것은 크게 세 가지 방

74) 안토니오 스트라디바리(Antonio Stradivari, 1644-1737)는 바이올린, 첼로, 기타, 비올라, 하프와 같은 악기를 제작한 이탈리아의 현악기 장인이다. 그가 만든 악기들은 그의 라틴어 이름인 "스트라디바리우스"로 불리기도 한다. 그는 현대 표준형 바이올린의 창시자로 알려져 있다.

향으로 진행되고 있다.

첫째는 그가 제작한 명품과 똑같이 물리적 형태를 복제하는 것이고, 둘째는 음질을 좌우하는 결정적인 요소인 나무에 덧칠을 하는 작업을 화학적으로 분석하는 것이다. 셋째는 음질에서 거꾸로 추적해 들어가는 방법이다. 그것은 스트라디바리의 바이올린 소리와 다른 바이올린 소리의 차이를 구별하고 그 원인을 추적해 들어가는 것이다.[75]

그러나 바이올린을 만드는 작업장에서의 일은 말로 표현할 수 없고 체계화되지 않는 "암묵적 지식" 속에 흡수되어 버린다. 이러한 암묵적 지식에로의 흡수 과정은 매일 일어나고 습관처럼 진행된다. 미세하고 수많은 작업 하나하나가 한 사람이 일하는 것처럼 통합되어 있었다.

스트라디바리의 작업장은 어디에나 그의 손길이 미쳤다. 그는 작업장 어디든 갑자기 나타나서 수천 가지의 미세한 정보들을 수집하고 처리했다. 그의 정보 수집과 처리 과정은 개별적인 작업만을 수행하고 있던 도제들이나 저니맨들이 알고 있는 내용과는 질적으로 다른 것이었다. 그가 처리하는 수많은 정보들은 장인인 마스터(master)만이 알 수 있는 것이었으며, 그의 머리 속에만 들어 있는 것이었다.

명품의 제작과정에서 마스터의 개성과 독창성을 좌우하는 것은 암묵적 지식이다. 그것은 어떤 규칙으로도 말할 수 없는, 그래서 개인의 인격적 판단에 의존할 수 밖에 없는 것이다. 또한 그것은 수없이 많은 현실과의 연관 과정을 거쳐 이루어진다.

예를 들면, 내가 피아노를 칠 때, 나는 악보에 시선을 두고 피아노 건반을 두들긴다. 이 때 시선을 옮겨 건반을 두들기는 내 손을 의식한

75) 리처드 세넷 지음, 강홍식 옮김, 『장인』, 21세기북스, pp.127-135.

다면 곧 혼란에 빠지고 만다. 그렇다면 눈으로는 악보만 보고, 피아노 건반을 두드릴 수 있는 연주자가 되려면 수 많은 과정의 연습이 필요하다.

더구나 악보를 보지 않고 피아노의 건반을 자유자재로 두들길 수 있는 숙련된 연주자가 되기 위해서는 더욱 많은 연습과 시행착오를 거쳐야 한다. 그것은 우리의 지각이 이런 숙련의 도움을 받기 때문이다. 자전거를 타는 것, 줄타기를 하는 것, 피아노를 치는 것, 용접을 하는 것 등 모든 일들에는 훈련과 연습이 필요하다.

그러나 암묵적 지식의 반대편에 있는 "명시적 지식"은 인격적, 개인적, 주관적 요소를 과학적 지식이라는 명목으로 추방해 버린다. 개인적, 인격적 요소는 지식의 불완전성을 나타내며, 체계적이지 못한 것이다. 그런 주관적이고 불완전한 지식은 타인에게 제대로 전달될 수 없는 것이다. 하지만 어떤 과학적 지식이 신빙성을 가지려면 그런 개인적이고 주관적인 지식은 배제되어야 한다.

그래서 명시적 지식은 정확하게 체계화되고 형식화되어야 한다. 또한 그것은 모든 지식이 그렇게 체계화되고 형식화된 지식으로 환원될 수 있어야 한다. 그리고 명시적 지식은 관찰될 수 있어야 하는 것으로 개인의 정서적이고 감성적 요소를 배제 한다. 이와 같이 명시적 지식은 가치중립성, 형식주의, 환원주의, 실증주의의 성격을 갖는다.[76]

스트라디바리가 명품 악기를 제작하는 기술은 명시적 지식에 있는 것이 아니라, 암묵적 지식에 있었다. 이와 같이 암묵적 지식에 의해서 이루어진 작업들은 마스터가 죽고 나면, 그 작업의 실마리와 방법, 그

76) 강영안, 인격적 지식과 보살핌, 『서강인문논총』 제 20집, 2006, pp.6-13.

리고 통찰력을 다시 복원할 수 없다.

또한 마스터로 하여금 그 암묵적 지식을 명문화해 놓으라고 해도 그렇게 할 수 없을 뿐만 아니라, 명문화해 놓는다 해도 또 그렇게 명문화된 방식에 따라 작업을 한다 해도 그의 작업을 그대로 복원할 수 없다.

즉, 암묵적 지식을 명시적 지식으로 바꾸어 놓는다고 해서, 또 그 명시적 지식에 따라 작업을 한다고 해서 마스터만이 알 수 있는 암묵적 지식을 흉내 낼 수가 없다. 보통 사람들은 마스터를 똑같이 따라 해보려고 해도 안될 것이다. 마스터는 다른 사람들이 보지 못하는 것을 보고 알지 못하는 것을 알고 있기 때문이다.

암묵적 지식은 현장의 작업을 통해서 계속 보태지며 축적된 것이다. 그 지식은 시간이 흐르면서 쌓여간다. 그것은 과학적 지식 이전의 것이며, 그런 명인의 비밀은 그의 죽음과 함께 사라진다.

c. 손과 머리의 통합

판도라(Pandora)는 그리스 신화에 나오는 최초의 여성이다.

제우스(Zeus)는 대장장이의 신 헤파이스토스를 불러 여자 인간을 만들라고 했고, 그래서 '판도라'라는 여자 인간이 탄생했다.

제우스는 판도라의 탄생을 축하하는 상자를 주면서 "절대 열어 보지 말라"는 경고를 했다.

그러나 판도라는 어느 날 호기심을 참지 못하고 결국 그 상자를 열고 말았다.

그 상자 안에는 온갖 욕심, 질투, 시기, 각종 질병 등이 담겨 있었으며, 이것들은 판도라가 상자를 여는 순간 빠져 나와 세상 곳곳으로 퍼졌다.

그래서 평화로웠던 세상은 금세 험악해지고 말았다.

그러나 그 안에 있었던 '희망'은 빠져나가지 않아서, 사람들은 상자에서 빠져 나온 악들이 자신을 괴롭혀도 희망만은 절대 잃지 않게 되었다고 한다.[77)]

헤시오도스는, 판도라 상자는 인간에 의해서 만들어진 문화가 항상 화를 자초할 위험이 도사리고 있다는 것을 의미한다고 말한다. 그런데 왜 인간이 만든 문화는 항상 화를 자초할 수 있는가?

유태인 철학자 한나 아렌트(H. Arendt)는 인간의 일하는 이미지를 아니말 라보란스(Animal Laborans)와 호모 파베르(Homo Faber)로 구분하여 설명한다. 아니말 라보란스는 굴레를 짊어진 짐승처럼 고된 일을 되풀이하는 "일하는 동물"이다.[78)]

아니말 라보란스는 일이 되게 하는 것 외에는 아무 생각도 하지 않는다. 오직 물건을 만드는 일에만 함몰되어 있다. 이 상태에서 우리는 무엇을 위해 일을 하는지, 어떻게 일해야 하는지를 생각하지 않는다.

그러나 호모 파베르는 물질적 노동과 행위를 판단하는 것으로 아니말 라보란스보다 한 차원 높은 것이다. 그런데 아렌트에 의하면 이 호모 파베르는 일이 끝난 뒤에야 가능하다. 즉 일을 할 때는 일만 할 뿐이고, 그것이 끝나고 나서야 제대로 생각하게 된다는 것이다.

만드는 일을 멈추어야 그 일에 대해 서로 판단할 수 있고 토론할 수 있다. 아렌트에 따르면 호모 파베르 단계에 이르러야 "내가 왜 그 일을 하는지" "어떻게 일을 해야 하는지"를 생각할 수 있다.

---

77) 헤시오도스 지음, 김원익 옮김, 『신통기: 그리스 신들의 계보』, 서울, 민음사, 2003.
78) 한나 아렌트 지음, 이진우, 태정호 옮김, 『인간의 조건』, 한길사, 2010, pp.196~197.

아렌트의 관점에서 판도라 상자의 공포는 아니말 라보란스에서 나온다. 그것은 그저 아무 생각 없이 일만 하는 동물에 불과하기 때문이다. 그는 그런 예로 맹목적인 과학과 관료주의를 들고 있다.

제 2차 세계대전 당시 독일의 나치주의가 저지른 전쟁은 대량 살상의 공포를 낳았고, 집단수용소, 강제노동수용소는 공포의 전율을 넘어서 인간으로서는 도저히 할 수 없는 패악스러운 만행을 저질렀다.

맹목적인 관료주의는 주어진 일을 해내는 것만 중요했다. 죽음의 수용소를 기획하고 실행한 나치 책임자 아돌프 아이히만(Adolf Eichmann)은 전범 재판에서 "나는 단지 시키는 일만 했을 뿐"이라고 항변했다.

그러나 과연 인간은 일하는 동안 아무 생각도 의식도 없는 것일까? 리처드 세넷(Richard Sennett)은 그의 저서 『장인』에서 "아니말 라보란스에 머물러 있다고 해도 인간이라는 동물은 생각할 줄 아는 존재다"라고 말한다.[79)]

아렌트는 노동이 완료된 뒤에야 인간의 의식이 등장한다고 생각했다. 그러나 세넷은 노동이 완료된 뒤에 의식이 나타나는 것이 아니라고 본다. 노동자들은 그 작업 대상이 물건이라 할지라도 작업 중인 일을 화제로 이야기한다.

인간의 생각과 감정은 작업을 한 뒤에 나타나는 것이 아니라 작업을 하는 과정 내부에 존재한다. 그래서 인간은 그들이 하는 작업의 과정에 개입할 수 있다. 어떤 일이 잘 돼 가는지 어떤지는 그 작업의 과정에서 파악이 가능하며, 그것이 잘못돼 가고 있다면, 그 과정에서 개입하고 수정이 가능한 것이다. 세넷은 이것을 공격적인 "문화적 물

79) 리처드 세넷, 전게서, p.22.

질주의"라고 부른다.

질 좋은 천이나 맛있는 요리에서 우리는 좋고 훌륭한 것을 탐색할 수 있다. 우리에게 즐거움을 주는 좋은 것들이 그런 물건의 어느 구석에서 발견된다. 거기에서 우리는 어떤 방법으로 그렇게 만든 것인지, 그 물건에 담긴 인간적인 모습을 그려 볼 수 있다.

세넷은 인간이 물건을 만드는 과정 안에 이미 호모 파베르적 요소가 담겨 있다고 생각한다. 그래서 호모 파베르는 일이 다 끝난 다음에 나타나는 것이 아니다. 인간은 일을 하는 과정에서도 그들이 만드는 물건이 갖는 위험을 줄일 수 있으며, 물질적인 삶을 좀 더 인간적인 모습으로 만들어 갈 수 있다.

리처드 세넷이 저술한 『장인』(Craftsman)은 기예(技藝)의 경지로 일하는 "장인의식" 또는 "장인정신"에 대한 것이다.[80] 이 책에서 말하는 중요한 화두는 기술이며, 그것은 인간의 사고나 감정과 무관한 것이 아니라, 그것을 통하여 문화로 구현되는 것이다. 인간은 기술을 통해서 그들의 특정한 생활양식을 드러낸다.

그러나 사실상 장인정신은 산업화 과정을 거치면서 그다지 중요하지 않은 것으로 생각하는 경향이 있다. 세넷에 의하면 그것은 잘못된 생각이다. 장인정신은 인간이 일을 잘 해내고자 하는 기본적인 충동이다. 장인정신은 숙련된 육체노동에만 한정되지 않으며, 컴퓨터 프로그래머, 의사, 예술가 등의 일에서도 찾아볼 수 있다. 아이를 기르는 일마저도 연습과 숙달이 필요한 장인정신이 요구된다.

뛰어난 장인은 누구나 구체적인 작업과 생각 사이를 오가는 대화를

80) 상게서, p.25

하게 되고, 이 대화는 반복되어 습관으로 진화한다. 이와 같이 손과 머리를 오가는 상호작용은 벽돌 쌓기, 요리하기, 악기 연주, 기계 다루기 등 인간이 하는 모든 영역의 일들에서 나타난다.

물론 일을 하다가 도중에 포기할 수도 있고 충분히 숙달하지 못할 때도 있다. 하지만 인간은 어떤 일을 하든 아무 생각 없이 기계적으로 하지 않는다. 어떤 기술을 연마하는 것은 보다 더 향상하기 위해서 끊임없이 생각하고 끊임없는 손의 연마가 요구된다. 이것은 4차 산업혁명을 목도하고 있는 현대사회에서도 마찬가지다.

저자 약력

■ 권 오 상

- "칸트의 자아동일성에 관한 연구"로 철학박사 학위수여(건국대학교, 1995)
- [일과 여가], [직업윤리], [논리와 사고] 등 강의(2016~2022)(강원대학교)
  인문사회과학연구소 연구교수(2022~2024)(강원대학교)
- [일과 여가의 의미 변천과 일여가 관계](2018), [직업윤리의 역사적 기원에 관한 고찰](2019)
  [칸트의 경험심리학](번역프로젝트, 2022) 등 연구프로젝트 수행(한국연구재단)
- 저서: [음식철학](번역서, 헬스레터, 2021), [철학상담방법론](공저, 학이시습, 2018)
  [문화와 철학](공저, 두남출판사, 2004)

평생직업시대, 일에서 행복찾기

초 판 1쇄 인쇄 —— 2024년 10월 15일
초 판 1쇄 발행 —— 2024년 10월 29일
지은이 —— 권 오 상
펴낸이 —— 전 두 표
펴낸곳 —— 도서출판 두남
서울시 강동구 성내로 6길 34-16 두남빌딩
신 고 : 제25100-1988-9호
TEL : 02) 478-2066~7
FAX : 02) 478-2068
E-mail : dnbooks@dunam.co.kr
http://www.dunam.co.kr

정가 13,000원

ISBN 978-89-6414-497-8 03330